UNIVERSITÉS TRANSATLANTIQUES

PAR

PIERRE DE COUBERTIN

PARIS
LIBRAIRIE HACHETTE ET Cie
79, BOULEVARD SAINT-GERMAIN, 79

1890

UNIVERSITÉS
TRANSATLANTIQUES

OUVRAGES DU MÊME AUTEUR

PUBLIÉS DANS LA BIBLIOTHÈQUE VARIÉE

PAR LA LIBRAIRIE HACHETTE ET Cie

L'Éducation en Angleterre, collèges et universités. 1 vol. 1888.

L'Éducation anglaise en France, avec une préface de M. Jules Simon, de l'Académie française. 1 vol. 1889.

UNIVERSITÉS
TRANSATLANTIQUES

PAR

PIERRE DE COUBERTIN

PARIS
LIBRAIRIE HACHETTE ET Cie
79, BOULEVARD SAINT-GERMAIN, 79
—
1890
Droits de traduction et de reproduction réservés.

EN MER

A Marc de Villiers du Terrage.

Les impressions de voyage en Amérique débutent toujours par quelques lignes consacrées à l'Océan, à la traversée, au bateau; c'est un hommage payé à l'élément perfide et capricieux qui, rarement, consent à vous porter d'une rive à l'autre sans vous donner quelque preuve de sa formidable puissance.

Je ferai comme tout le monde, cher ami, afin d'avoir l'occasion de placer votre nom en tête de ce livre que nous avons *vécu* ensemble. La *Bretagne* nous emporta; c'est votre pays; la *Normandie* nous rapporta; c'est le mien. Le hasard ne pouvait mieux choisir! En mettant les deux traversées bout à bout, cela fait seize jours pendant lesquels nous

fûmes prisonniers de la vague et du vent;
vous souvenez-vous avec quelle anxiété nous
venions, à chaque midi, contrôler sur la carte
la marche du navire? Un petit drapeau de
carton indiquait sa position dans l'immensité
et, peu à peu, les petits drapeaux formaient
une ligne, la ligne audacieuse tracée jadis
par Colomb. Avez-vous encore dans l'oreille
la voix de la lugubre sirène perçant le brouillard? ou le son de la cloche guillerette qui,
cinq fois par vingt-quatre heures, nous appelait
à des repas dignes de Gargantua? Entendez-vous, dans la nuit, sur les flots calmés qu'irise
la lune, les chants poétiques des émigrants,
encore tout pleins d'illusions et d'espérances
folles, bientôt déçues, hélas! Nous aussi, nous
rêvions de pays merveilleux et de paysages
enchantés, dans ces interminables assoupissements de l'après-midi, sur le pont, avec l'horizon libre, l'atmosphère indéfinie et le rythme
des lames.

Nos siestes étaient troublées par une famille
anglaise qui passait son existence dans huit
fauteuils à l'abri du canot du commandant. Elle
semblait terrassée par le mal de mer et ses

plaids, ses édredons, ses boas lui donnaient l'aspect d'un vaste effondrement. Toutes les quinze minutes néanmoins, une voix languissante s'échappait de cet amas de matières plucheuses et disait, en s'adressant au garçon qui passait avec des assiettes et des verres plein les mains : « Gââçon, oune cottelette; gââçon, du poulette froide! » Cela me rassurait singulièrement sur leur sort!

« Commandant, quel temps fera-t-il demain? Commandant, le vent nous pousse-t-il?... » Cette chanson-là se chantait à dîner dans la grande salle à manger somptueuse et brillante avec ses dorures, ses colonnes, ses tapis et ses lampes électriques; là-haut, dans le salon, les organisateurs du concert pour les « veuves des marins naufragés » répétaient leurs morceaux malgré le roulis, lequel, par instants, troublait méchamment les accords.

Ah! mon Dieu! voici un petit triangle blanc à l'horizon! Un iceberg! Combien a-t-il de long? à quelle distance se trouve-t-il?... Le commandant est rentré chez lui. Alors on s'adresse au coiffeur, qui est certainement, après le commandant, l'homme le mieux renseigné du bord!... Peut-être même l'est-il davantage, en ce sens qu'il se trouve toujours parfaitement au courant des intentions de l'Océan.

De l'iceberg la conversation glisse aux chances de prochaine arrivée. Arriver! ils ne pensent tous qu'à cela! même ceux qui ont le pied marin, mangent comme quatre et dorment à poings fermés, hument l'air salé et accomplissent chaque matin sur le pont leur *constitutional walk*. Aussi leur allure change et leurs yeux brillent quand les phares de Terre-Neuve ou du Land's End percent les ténèbres et qu'à tribord ou à bâbord s'enflamme le triple feu du Bengale aux couleurs françaises, signalant à la terre le passage des êtres humains qu'elle attend.

Le lendemain, le pilote apparaît; à quelques encablures se balance la jolie goélette qui l'a amené. Penchés sur les bastingages, les passagers regardent avidement son canot accroché aux flancs de leur navire; le long de l'échelle un homme grimpe lestement et, côté de lui, monte, au bout d'une corde, un petit paquet blanc :... ce sont les journaux!

Vieux ou neufs, intéressants ou ennuyeux, qu'importe! Ils ont été pensés par des hommes, écrits par des hommes, imprimés par des hommes; toute l'humanité tient dans ces quelques chiffons de papier! Et le dernier soir a lieu le *dîner du commandant.* La « bonne Compagnie » offre du champagne à ses prisonniers et toute une architecture de nougats. Au dessert, on passe des pétards contenant moult coiffures en papier; philosophiquement, c'est très bête, tous ces gens ornés de casques ou de bonnets de coton et bavardant comme des cacatois. Mais il s'agit bien de philosophie, en vérité!

La terre d'Amérique est là tout près; la verdure éclate sur la côte; le ciel est bleu. La baie de New York resplendit et là-bas, tout au centre, se détachant sur l'horizon des trois cités assises sur les bords, nos regards qui le cherchent aperçoivent le colossal objet d'art que la France a placé sur un rocher solitaire pour symboliser les nobles souvenirs du passé. La statue est saisissante; le bras qui tient la torche monte vers le ciel tout droit, avec une évidente volonté d'atteindre au plus haut pour éclairer le plus loin possible. Je ne sais pas si cela représente la Liberté, mais, à coup sûr, cela représente le génie enthousiaste, ardent, généreux et parfois un peu échevelé de notre patrie adorée.

AUTOUR DE NEW YORK

I

La carte, d'abord !

Étalons sur la table les 42 États de l'Union. Partons de New York, montons jusqu'à Québec, rejoignons Chicago et descendons le Mississipi jusqu'à son embouchure. Telle est la portion du sol américain que nous allons parcourir ensemble. Ce n'est même pas la moitié, à peine le tiers de la grande République et pourtant, dans cet espace restreint, elle tient presque tout entière. C'est là que sont les champs de bataille d'où sortit son indépendance, c'est là qu'eut lieu cette guerre fratricide dont le résultat inespéré fut de consolider à jamais l'œuvre de Washington. C'est là que se trouvent Baltimore, le centre catholique; New York, le centre commercial; Boston, le centre littéraire; c'est là qu'est l'Est encore puissant, mais déjà raffiné et peut-être sur son déclin, le Sud qui réagit courageusement et refait son avenir, l'Ouest enfin débordant de vie, de force et d'entêtement; non pas ce Far West, maintenant reculé jusqu'au pied des Montagnes Rocheuses, où vivent les *cowboys* de M. de Grancey, mais l'Ouest, organisé et policé, dont Chicago est la capitale et la vivante représentation. Ce pays n'est pas beau, pris dans l'ensemble; d'un bout à l'autre, il est plat; vous y ferez deux mille lieues en chemin de fer sans passer sous un tunnel. Il ne donne pas davantage une impression d'immensité. Tant de fois en Europe on vous a parlé de ses proportions colossales que les fleuves vous paraissent étroits, les cités mesquines, les distances peu considérables; il faut quelque temps pour vous convaincre des dimensions réelles de toutes choses. Et je sais des Américains qui, venant en Europe, et s'imaginant arriver dans le pays de Lilliput, ont éprouvé l'impression inverse et l'avouent sincèrement.

Mais si le cadre est moins grandiose et moins saisissant que vous ne vous y attendez, quel n'est pas votre étonnement d'y trouver une civilisation établie, une société solidement assise, et surtout des traditions puissantes. Les choses, au premier abord, n'indiquent guère un semblable état; elles ont au contraire l'air inachevé, *unfinished*. C'est la sensation perpétuelle. Il en est un peu de même dans les institutions : çà et là, des lois barbares, des coutumes invraisemblables, des lacunes stupéfiantes qu'on n'a pas eu le temps de combler; on y songera plus tard. Ajoutez-y le soin que met la presse à relever toutes les excentricités, toutes les bizarreries, toutes les nouvelles à sensation pour un public qui s'en montre très friand; et vous comprendrez comment ceux qui font des livres avec des coupures de journaux ont pu vous donner l'idée d'un peuple moralement en enfance et s'éveillant à peine aux grandes pensées et aux jouissances de l'esprit. Ils vous ont représenté le Yankee comme un cavalier tenant sur sa monture ardente par un effet d'énergique volonté et de merveilleux équilibre; ils ne vous l'ont pas représenté domptant peu à peu cette monture par une science consommée de l'équitation,... en quoi, ils se sont trompés.

II

Ce matin, nous avons ouvert la série des cocktails. Il y en a au whiskey! Il y en a au gin! Il y en a au vermout! Puis ce sont des bols d'eau glacée, des huîtres arrachées à leur coquille et cuites comme de vulgaires légumes, ou frites comme des salsifis; du raisin de Californie sentant le musc; de l'*oatmeal*, sorte de bouillie d'avoine servant d'apéritif au premier déjeuner. Quand on est fait à ces ingrédients divers, que les *bootblacks* vous ont ciré vos chaussures au coin des rues et que les locomotives de l'*Elevated* vous ont promené dans New York, au premier étage des maisons, on se trouve suffisamment américanisé pour passer l'Hudson et entrer dans l'État de New Jersey.

L'Hudson ne se laisse pas traverser par des ponts, mais il permet aux *ferries* de le sillonner en tous sens. Ce sont des bacs gigantesques où s'entassent piétons, voitures et bagages. On aperçoit de tous côtés des ceintures de sauvetage et cette mesure de rassérènement tranquillise chacun. La machine, alors, se met en route doucement; elle offre une vague ressemblance avec un monstre antédiluvien. D'autres viennent à sa rencontre. La nuit, des feux multicolores les signalent; un son rauque s'échappe de leurs entrailles. Elles s'emboîtent à destination dans des sortes de quais formés de palissades élastiques; un pont est jeté; les voyageurs reprennent leur marche; ceux-ci pour pénétrer dans la ville de New Jersey, qui fait sur l'Hudson vis-à-vis à New York, ceux-là pour monter dans les longs wagons peuplés de cinquante sièges où le nègre, l'ouvrier et le banquier s'assoient côte à côte. Une seule classe, c'est plus démocratique. Il est vrai qu'il y a, le jour, les *parlors*, la nuit, les *sleepers*, où, moyennant un faible supplément, on jouit d'un plus grand confort et d'un voisinage plus choisi.

III

Des constructions, çà et là, sont ruinées ou abandonnées, mais ces ruines n'ont rien de pittoresque, elles sont faites de matériaux tout neufs. Un désordre complet dans l'arrangement des choses; maisons de bois, édifices sans architecture, cultures irrégulières, enclos de pacotilles, jardins naissants; et, au milieu de tout cela, des fils télégraphiques innombrables, des railways en tous sens et, dans les petits villages que l'on traverse, des foyers électriques qui jettent, le soir, des lueurs de clair de lune sur cette campagne si bizarre. On dirait tout un peuple arrivé la veille avec un chargement colossal de marchandises, et commençant à s'installer. La peinture fait partout défaut, le bois est mal équarri, tout semble provisoire;

il n'y a que la volonté de l'homme qui se montre dans sa force et son audace.

Tout en regardant par les fenêtres, nous devisions, le professeur Sloane et moi, de la pluie et du beau temps, des Mormons, du congrès des « Trois Amériques » qui va se réunir à Washington, des salaires des professeurs, qui sont moins bien traités ici qu'en Angleterre.... Et Princeton apparaît dans la nuit noire,... de grands édifices au penchant d'une colline, jetant du feu par les innombrables fenêtres de leurs façades.

Le lendemain, nous parcourons toute l'Université. La journée commence par une « lecture »; le professeur fait un cours de science politique et sociale et étudie les diverses phases de la formation des États; une cinquantaine d'étudiants l'écoutent avec attention; sur leurs visages apparaît le même caractère d'inachèvement que je remarquais hier dans les villes et sur le bord des routes. La race n'est pas marquée; elle ne semble pas définitive et n'a pas encore de type. Quelques chevelures blondes, une paire d'yeux bleu pâle révèlent, çà et là, l'origine britannique, mais la plupart de ces jeunes hommes ont des physionomies qui, pour être intelligentes et énergiques, n'en sont pas moins dépourvues de toute trace de nationalité. A la fin, le professeur retient l'un d'eux, un grand, fort garçon, aux cheveux noirs frisés, l'air un peu brutal, revêtu d'une espèce de houppelande jaunâtre, sous laquelle on devine un déshabillé sans gêne. C'est le *football captain* et il se met aussitôt à notre disposition avec une parfaite amabilité. Devant le perron s'est arrêtée une voiture américaine, une de ces petites voitures où les roues semblent faites avec des allumettes et les harnais avec des ficelles, et un troisième cicerone en descend.

Autour de nous s'étend un beau jardin; tranchant sur l'herbe verte, les allées semées de cailloux bleuâtres dessinent les mouvements de terrain, entourent les grands arbres dorés par l'automne et se dirigent vers de luxueux bâtiments en pierres rougeâtres ou grises; ils sont flanqués de tours et de clochetons, de colonnes et de rosaces, de vitraux et de créneaux. L'ensemble est beau; tout cela sent la fortune et l'avenir et on se prend à oublier de noter les imperfections, les fautes de détail, les manques de soin qui sont partout perceptibles. Nous allons d'édifice en édifice, frappant à toutes les portes. Ici, une collection minéralogique, là, l'ornithologie américaine, et, plus loin, un cabinet de physique bien outillé. Les professeurs, que nous dérangeons au milieu d'une préparation chimique ou d'un calcul pénible, se font un plaisir de nous montrer leur département. Le plus souvent, ce sont des hommes jeunes, dont les moustaches ne sont guère plus épaisses que celles de leurs auditeurs.

Le long d'un vieux bâtiment qui fut le point de départ de l'Université, chaque « promotion », en partant, a planté un pied de lierre et scellé dans le mur une plaque de marbre avec la date qui la distinguera dans les annales de Princeton. Déjà les lierres entrelacés couvrent la façade; distincts au niveau du sol, ils ne forment plus là-haut qu'une masse unie d'ombre et de verdure.

Visite à la chapelle (presbytérienne) : un magnifique temple de granit et de marbre avec des détails d'architecture d'une grande originalité et des vitraux à prismes qui renvoient des rayons brisés dans les coins les plus obscurs. Point d'autel; quelques fauteuils : on dirait une salle de conférences. Dans un angle, une simple inscription mentionnant le nom du généreux donateur dont le fils, professeur de l'Université, est un de ceux qui nous accompagnent; c'est par hasard que cette inscription frappe mes regards; lui, n'en avait pas soufflé mot et je me garde de l'interroger.... Seulement, quand j'y repense à présent, je vois toujours ce spectacle : les voûtes somptueuses, le nom du millionnaire écrit sur la muraille, et la figure du professeur un peu plus loin dans la pénombre,... et je pense avec regret qu'en France il n'y a point de familles de ce genre-là!

On me met entre les mains le « Bric-à-Brac », annuaire drolatique de l'Université — et trois numéros du bulletin publié périodiquement par les professeurs. Dans le bulletin, je trouve un speech que le président a prononcé lors de la dernière rentrée; deux passages sont à noter. Le premier est une remarque judicieuse : « A *telle* place, un bâtiment élevé pour *tel* usage, ferait bien »; un petit renvoi indique que

Mme S... s'est empressée de satisfaire le désir si discrètement exprimé, en donnant 75 000 dollars (375 000 francs) pour édifier le bâtiment. Le second passage est adressé aux nouveaux venus : « Voici le moment, leur dit le président, de montrer par le choix de vos amis, par votre manière de vivre et par vos plans d'avenir, quels hommes vous êtes ». Quant au Bric-à-Brac, il est publié par les étudiants et illustré de croquis et de portraits; l'imagination semble parfois un peu dévergondée, mais le coup de crayon est fin.

Princeton comptait, en 1888, 601 étudiants, dont 506 suivaient le *cours académique* et 95 travaillaient les sciences. Les bourses étaient au nombre de 77; il y avait environ 42 professeurs. Le premier président fut installé en 1747 et le plus ancien édifice date de 1756; les administrateurs forment un conseil d'une trentaine de membres, qui se recrutent eux-mêmes et sont présidés par le gouverneur de l'État de New Jersey. Il y a toujours quatre promotions à la fois dans l'Université; les *freshmen* sont les derniers venus; les *sophomores* en sont à leur deuxième année; les *juniors*, à la troisième ; les *seniors*, à la quatrième. Chaque promotion a son président, son vice-président, son secrétaire, etc. On la désigne par le chiffre de son année de sortie ; ainsi ceux qui entrent en 1890 s'appelleront « 94 ».

La promotion « 89 » vient de publier son livre d'or, intitulé *Nassau Herald* [1] ; il contient des discours prononcés à l'occasion de diverses solennités plus amusantes que solennelles ; anachronismes, calembours, plaisanteries, surnoms et parodies, les jeunes orateurs s'en sont donné à cœur joie ; les idées sont drôles parfois ; il y a de la gaieté et de l'humour ; mais la frontière est souvent dépassée et la bêtise bête, souvent atteinte. La brochure se termine par une statistique des heureux mortels ayant appartenu à la promotion ; leur nom, leur âge, leur taille, leur poids, tout est indiqué ; il y est même fait mention des opinions politiques et de la longueur des moustaches ; une moyenne de la hauteur des chapeaux et de la longueur des souliers est établie.... A côté de cela, quelques détails utiles : le nombre

---

1. Le collège porta d'abord le nom de Nassau, en l'honneur du roi Guillaume III.

total était de 150; 132 sont entrés au début; 8 sont entrés la seconde année; 6, la troisième; 4 n'ont fait qu'un an; 76 jouaient aux cartes, 50 fumaient, 90 fréquentaient le théâtre, 18 avaient été dans une autre université avant de venir à Princeton; ici, les plaisanteries recommencent : nombre de fiancés : 3; 12 autres l'étaient probablement, mais sans vouloir l'avouer. Le piano comptait 15 adeptes; l'orgue, 5; le violon, 8; la flûte, 6; 26 s'adonnaient à des « instruments divers ». Leurs goûts sportifs font aussi l'objet d'une statistique : il y avait 27 joueurs de foot-ball, 13 de base-ball, 24 de tennis, 11 de la crosse; le résultat était le suivant : la poitrine la plus large avait environ 105 centimètres, et la plus étroite, 80; moyenne : 90. Quant aux carrières, 17 préparaient la théologie (presbytérienne); 18, la médecine; 19, le droit; 8, la pédagogie; 6 voulaient être ingénieurs; 3, journalistes; 8 comptaient entrer dans les affaires et 13 n'avaient pas encore pris de décision!

Reprenons notre promenade : voici la bibliothèque, grande salle octogonale où l'on se procure pour rien des livres, du silence... et du sommeil, peut-être! Au centre, dans un bureau circulaire, un vieux monsieur à l'air honnête surveille les bouquins et fait des comptes interminables; beaucoup de revues françaises et étrangères.

Sur les arbres, de grandes affiches annoncent un concert donné par le *Banjo Club*; il paraît que ces guitaristes ne manquent pas de talent;... d'autres avis, des annonces, s'étalent de tous côtés. Les étudiants vont et viennent; à les voir ainsi menant leur existence de chaque jour, ils ont l'air très complets; leurs muscles sont faits de bons matériaux comme leurs costumes; il y a là tout ce qu'il faut; seulement ils portent leurs muscles aussi mal que leurs costumes; ils sont propres et ils ont l'air sales; ils sont polis et ils ont l'air malhonnêtes. Et soudain l'Amérique m'apparaît sous la forme d'un grand corps dégingandé dans lequel la sève bouillonnante remonte et descend sans cesse, comme si elle se heurtait à des conduits obstrués. Plus tard, dans les universités où l'on se pique d'avoir de belles manières, on m'a dit du mal de Princeton; on m'a dit que tout y était brutal, *rough*, que c'étaient des fils de fermiers, des campagnards qui y donnaient le ton ; plus tard encore, au moment de quitter l'Amérique, j'y suis revenu et j'ai revu les mêmes choses, mais avec d'autres yeux ; mon voyage m'avait appris que ces fermiers, ces ruraux aux manières brusques, à l'apparence brutale étaient les vrais Américains, la base de la nation, l'espoir de l'avenir ; qu'en eux s'incarnaient la tradition déjà séculaire, l'antique bon sens, la vigueur morale ; que par eux, enfin, le présent se reliait intimement au passé et le continuait.

Princeton est une toute petite ville ; le paysage d'alentour est riant ; de grands arbres bordent les avenues ; les étudiants ont leurs chambres (deux ou trois pièces pour chacun) dans les *dormitories* [1], vastes constructions au nombre de huit ou neuf disséminées autour de la chapelle et de la bibliothèque et constituant l'Université proprement dite ; autour de la ville est une ceinture de jolis cottages où résident les professeurs. Les étudiants ne prennent pas leurs repas dans les dormitories ; ils déjeunent et dînent dans les *eating clubs,* sortes de pen-

---

1. Mot à mot : dortoirs.

sions où ils se réunissent par groupes, faisant un marché avec le patron de la pension et se partageant la dépense qui n'est pas très élevée. Un étudiant, paraît-il, peut vivre confortablement, sans faire de folies, mais sans se priver, pour 4000 francs par an; c'est moins cher qu'en Angleterre.

... A présent, c'est la nuit; la campagne s'endort, paisiblement, au clair de la lune; là-bas, sur le champ de foot-ball si animé ce matin, s'étendent de grandes ombres; de rares lumières brillent encore à quelques fenêtres. Tout est tranquille, silencieux; demain, la vie réglée et ordonnée continuera; de nouveau on jouera, de nouveau on parlera de Démosthène et de Cicéron, de nouveau on étudiera la chimie et on trouvera la solution des problèmes.... Ce spectacle du firmament étoilé et de la terre qui repose me semble tout à fait étrange; cela ne répond pas à l'idée qu'inconsciemment je me faisais de l'Amérique; il manque la trépidation de la vapeur et le bruit d'un soufflet de forge, troublant la nuit.... Ainsi, dans ce nouveau monde, on pense, on réfléchit? Il y a autre chose que le dollar?...

IV

Les quatre années d'études, les « eating clubs », les « dormitories », les associations innombrables, athlétiques, littéraires, etc., l'excessive indépendance des jeunes gens, voilà ce qui frappe dès l'abord; et cela, on le retrouve à peu près partout du nord au sud, de l'est à l'ouest. Les universités américaines portent souvent le nom impropre de collège; par contre, on désigne les collèges sous le nom de *schools*. Quant aux *public schools*, nom donné en Angleterre aux principaux collèges du pays, on appelle ainsi, en Amérique, les écoles primaires. L'enseignement primaire transatlantique est connu; on l'a beaucoup étudié, en Europe, dans ces dernières années; ici, je ne m'en occupe pas. La mission que

M. le ministre de l'Instruction publique m'avait confiée n'avait trait qu'à l'enseignement secondaire et supérieur, moins connu et peut-être plus digne de l'être. Il y a, toutefois, un trait d'union entre l'école primaire et les universités; ce sont les *high schools*, dont j'aurai à parler; on pourrait les comparer aux moins avancés des gymnases allemands; en fait, ce sont des écoles primaires supérieures d'un genre particulier. Mais, quand l'on considère combien est importante cette période d'éducation comprise entre onze et dix-sept ans, on déplore, avec la plupart des pédagogues américains, que les États-Unis soient si riches en universités et, par contre, possèdent si peu de collèges. Les *high schools* sont des externats et, d'ailleurs, la principale préoccupation est de préparer les élèves à l'examen d'entrée des universités; cela ne peut donner, ni au point de vue moral, ni au point de vue intellectuel, un résultat bien complet, une base bien solide.

Quelques collèges existent pourtant; d'autres se fondent et il est permis de prévoir le temps où cette lacune sera comblée; l'apaisement des vieilles haines anglo-américaines y est pour quelque chose, ainsi que dans le développement rapide et presque excessif des jeux anglais. Il est certain qu'à la suite de la guerre de Sécession, les États-Unis, sortis intacts d'une épouvantable lutte fratricide, ont pris confiance en eux-mêmes; ils ont constaté qu'ils formaient une nation solide, et la crainte de se laisser entamer en adoptant des idées ou des coutumes étrangères a peu à peu disparu. Alors le football, le rowing et, d'une manière générale, tous les exercices de plein air ont fait irruption dans le nouveau monde et, en même temps, les pédagogues ont tourné leurs regards vers la Grande-Bretagne pour y puiser les principes de réorganisation, principes qui eussent produit de bien meilleurs résultats encore si les idées allemandes n'étaient venues à la traverse, jeter le désordre et semer de mauvais germes. L'éducation américaine est un champ de bataille où la pédagogie allemande et la pédagogie anglaise sont aux prises; cela, non seulement parce que les Allemands forment dans l'Union un parti très puissant, mais surtout parce que, depuis trente ans, l'élite de la jeunesse s'en vient achever ses études dans les universités germaniques.

Ces quelques collèges qui existent çà et là et ceux qui se fondent actuellement échappent à l'influence allemande, et les saines idées pédagogiques exprimées par le grand Arnold y sont en vigueur. Princeton a cette bonne fortune de posséder à ses côtés, sous son aile, le collège de Lawrenceville (*Lawrenceville school*), qui lui préparera de fortes générations d'étudiants et lui assurera, dans l'avenir, une énorme supériorité sur les autres universités, ses rivales.

V

La route que nous suivons, pour y arriver, est défoncée; çà et là, sur des ormes aux troncs noueux, des planches-affiches nous informent que le « ivy soap is healing its effects ». Des maisons de bois, à véranda, apparaissent sur les collines.... Nous traversons un champ de bataille dont le nom frappe pour la première fois mes oreilles; je n'en sais pas davantage sur le compte du général qui y remporta la victoire : et, pourtant, il s'agit de la guerre d'Indépendance, à laquelle la France fut mêlée. Que serait-ce, s'il s'agissait de la guerre de Sécession, dont nous ne connaissons pas les détails les plus importants? Jamais cette lacune historique ne m'avait autant frappé; j'imagine cependant que Lincoln et Jefferson, Washington et Lee valent bien Psammeticus et Gengiskhan !

Soudain Lawrenceville apparaît dans la plaine ; on embrasse tout, d'un coup d'œil : les neuf *boarding houses*, où les élèves sont répartis autour d'un professeur ; le *memorial hall*, qui renferme les classes et les salles de travail ; les champs de jeu enfin et les bâtiments de dépendances. Les garçons jouent au tennis et au foot-ball ; des gens du village traversent les parterres ; quelques professeurs se promènent en causant. C'est bien un collège anglais, mais tout neuf, créé tout d'une pièce.... J'en fais l'observation au *head master*, qui accueille ce compliment avec un sourire amer. Ils veulent bien qu'on reconnaisse chez eux le caractère britannique, mais à l'origine seulement ; l'Amérique, aux yeux des Américains, est une Angleterre améliorée : *a better England*.

Lawrenceville ne date point d'hier ; bien au contraire, c'est une fondation fort ancienne, mais, jusqu'à ces derniers temps, le collège végétait pauvrement et son installation laissait fort à désirer. Un ancien élève, M. John C. Green, de New York, y a pourvu par son testament et Lawrenceville s'est trouvé soudain posséder plusieurs millions de dollars; situation très favorable à coup sûr, mais dont il fallait encore savoir tirer parti. Les administrateurs et le directeur ne se sont pas laissés entraîner par la passion de « faire grand », passion si puissante en Amérique; ils n'ont pas rêvé des merveilles d'architecture ou une armée d'élèves; ils se sont contentés de faire de la place pour un maximum de 300 élèves et de rendre les constructions aussi pratiques et attrayantes que possible.

Les enfants entrent vers douze ans, rarement avant; ils passent un examen d'entrée sur la grammaire anglaise, la géographie, l'arithmétique; autant que possible, on désire qu'ils aient déjà fait un peu de latin. Dans les deux classes inférieures, ils font leurs devoirs et apprennent leurs leçons tous ensemble, sous l'œil d'un maître; au delà, ils travaillent librement. Il y a trois sections : classique, scientifique, anglaise. Pour la première classe (*first form*), les trois sections ont le même programme, à savoir : latin, anglais, arithmétique, algèbre, physiologie et hygiène, dessin et musique. Avec la seconde classe commence la bifurcation; la section classique entreprend le grec; les deux autres, l'allemand; toutes trois continuent le latin, l'anglais, le dessin et la musique; on leur enseigne en plus la botanique et l'histoire générale. Le programme de la troisième classe est le développement de celui de la seconde : enfin, dans la quatrième classe, la section classique poursuit ses études latines et grecques; le latin, au contraire, n'est plus imposé aux deux autres et est remplacé par le français; on fait de la géométrie, de la trigonométrie, de la physique et de la chimie; le cours d'histoire comprend l'histoire de l'Amérique et celle de l'Europe au XIX° siècle. L'histoire de France et celle d'Allemagne sont enseignées en même temps que les langues française et allemande. La déclamation joue un rôle important à travers les quatre années; la géographie n'est étudiée que pendant la dernière année.

Je ne sais pas comment ce programme est rempli; pour le savoir, il aurait fallu rester longtemps à Lawrenceville; mais je n'en connais pas de plus simple et de plus logique.

L'aimable *head master*, le docteur Mackenzie, nous fait visiter la blanchisserie; la main-d'œuvre est si chère, en ce pays, qu'on invente sans cesse des machines nouvelles; cette blanchisserie est extraordinaire; imaginez un amas de linge sale que vous perdez de vue subitement et qui reparaît, dix minutes après, transformé en une suite de trousseaux parfumés!... Les *boarding houses* contiennent de 8 à 24 élèves chacune; les élèves prennent leurs repas avec le professeur et sa famille; mais la partie de la maison qu'ils habitent est séparée des appartements de celui-ci. Ils ont une chambre pour chacun et les plus grands travaillent dans des « études » où ils sont deux; chaque étude correspond à deux chambres; ce sont des pièces assez grandes, meublées simplement, mais décorées par leurs locataires d'une foule de gravures et de bibelots. C'est très anglais; en Angleterre, toutefois, les enfants ne mangent pas tous les jours à la table du professeur et je crois que cela est plus sage. L'influence de la vie de famille ne s'en fait pas moins sentir, mais la *familiarité* ne peut exister.

Il y a un gymnase pour les jours de mauvais

temps, des terrains pour le *base-ball*, le tennis, la crosse, un étang qui sert pour nager en été, pour patiner en hiver, des bains chauds. (Le *tub* est peu en usage aux États-Unis; beaucoup de personnes prennent des bains chauds tous les matins; dans un climat aussi excitant, cette coutume peut être bonne ; elle ne convient pas au nôtre, où rien ne saurait remplacer la douche d'eau froide le matin.)

Lawrenceville ne dépend d'aucune *dénomination* religieuse, c'est tout simplement une école chrétienne : dans chaque maison, on dit la prière matin et soir; l'instruction religieuse comprend l'étude de la Bible et du Nouveau Testament.

La pension est de 500 dollars (2 500 francs) par an; on donne des bourses et des demi-bourses en grand nombre, d'abord à ceux qui se présentent pour les conquérir, ensuite aux bons élèves dont les parents éprouvent des revers soudains de fortune, chose fréquente en Amérique, où la paille de Job n'est pas loin du trône de Gould.

VI

... Rien d'étrange comme l'endroit où New York se fond dans la campagne. C'est tout près de ce « Central Park » créé il y a déjà plusieurs années et baptisé, avec une superbe assurance, d'un nom que l'avenir va justifier. Il était alors tout à fait hors de la ville; à présent les maisons l'entourent : elles se dressent par groupes, le long des rues à peine esquissées où l'herbe croît encore. Le sol est vierge ; des roches grises et des monticules alternent avec les constructions; de grandes lampes électriques achèvent de donner au paysage un aspect inattendu, presque déraisonnable.

VII

La légère armature de l'*Elevated* occupe le plus souvent le milieu des rues; parfois elle se dédouble pour suivre les deux trottoirs : d'un côté les trains montants, de l'autre les trains descendants. Dessous passent des voitures, des camions, les charrettes rouges de l'*Express Company*, qui portent les bagages à domicile, des omnibus rococo, des fiacres à deux dollars, et des policemen à casse-tête, rares et sans prestige. Là-haut, les trains se succèdent de minute en minute, s'arrêtant aux stations établies aux carrefours et numérotées comme les rues qu'elles recouvrent. Suspendues en l'air avec leurs bureaux, leurs marchands de journaux et leurs toits pointus à la chinoise, ces stations font, de loin, l'effet de bibelots exotiques. Quant à la voie, rien n'égale sa simplicité : les rails sont posés sur l'armature ; il y a le vide à droite, le vide à gauche, le vide dessous. Le tarif uniforme est de cinq *cents*; dans les wagons le public s'empile indéfiniment ; on dirait l'intérieur d'un baril de sardines. A mesure que l'on descend *down town*, vers la ville des bureaux, des banques et des maisons à quatorze étages, le va-et-vient augmente. Les Anglais, dans la Cité, sont pressés, mais restent flegmatiques. Ici, on voit des figures agitées ; le calcul ahurissant se lit dans tous les regards.

VIII

Par delà les maisons, si hautes qu'elles soient, apparaît par instants la tête du colosse auquel nous sommes venus rendre visite. Le pont de Brooklyn fut ouvert le 24 mai 1883; les noms de John A. Roebling, qui le commença, et de Washington Roebling, son fils, qui l'acheva, sont gravés profondément dans le granit; il fallut treize années et 15 millions de dollars. Des rampes énormes et formidables conduisent aux piles ogivales dont la masse vous écrase; à travers le treillis de fer qui descend de là-haut, comme le filet d'un tennis géant, tout New York est visible... et, de quelque côté qu'on se tourne, on ne voit rien qui n'ait été fait, refait ou défait par l'homme, rien qui ne porte les traces de sa pensée, rien qui ne soit l'œuvre de ses bras.

IX

Luncheon à l'*Union League*, club républicain fondé jadis pour « soutenir le gouvernement ». Au premier abord, cette façon de soutenir un gouvernement peut sembler étrange : elle consiste à créer un établissement luxueux avec des tapis épais, d'excellents fauteuils et tout le confort imaginable; mais cet établissement est un lieu de réunion : la réunion engendre l'union — et l'union fait la force.

Ce n'est pas si bête après tout.

X

Nous fréquentons aussi le *Manhattan*, quartier général du parti démocrate, le *Calumet*, club élégant et jeune, le *Century*, où se réunissent les auteurs, les gens de lettres, les journalistes et, d'une manière générale, les hommes les plus intéressants de New York; mais l'*University Club* est encore celui que je préfère. Que de bonnes heures j'ai passées dans sa bibliothèque, où se viennent centraliser les innombrables Revues d'Écoliers et d'Étudiants publiées d'un bout à l'autre de l'Union; car les universités qui se fondent dans le Far West n'ont pas toujours de professeurs et, au début, les étudiants peuvent leur manquer; mais dès le second jour de leur existence elles ont un organe publié par la faculté, laquelle se compose parfois du fondateur et de sa femme. Ces publications à couvertures multicolores m'apportaient des impressions lointaines; j'entendais, en bas, les billes se choquer sur les billards et, dehors, le vent remuer les arbres de Madison square. C'était une oasis dans le brouhaha de la grande ville ; là encore, le mercantilisme disparaissait pour laisser voir l'effort intellectuel, le travail désintéressé, la conquête de la science.

XI

Quant au *New York Athletic Club*, c'est un bel édifice de briques situé au coin de la Sixième Avenue et de la cinquante-cinquième rue. Au rez-de-chaussée se trouve une piscine; au premier, les salons, les billards, la salle à manger; au second, les vestiaires, la salle d'escrime; dans le sous-sol, des *bowling alleys*[1]; au troisième, enfin, un immense gymnase au parquet ciré sur lequel gisent une demi-douzaine de matelas solidement rembourrés, aptes à fournir des fins de culbutes tout à fait confortables. A mi-hauteur, une galerie entoure le gymnase : elle supporte une piste élastique légèrement inclinée aux tournants et permet-

1. Le jeu de boules est très en usage aux États-Unis.

tant l'entraînement des coureurs ; çà et là, pendent de grosses masses de cuir sur lesquelles les boxeurs s'exercent à frapper à tours de bras. Dans un coin, des *rowing machines* qui vous permettent de ramer pendant des heures sans sortir de votre cabinet de toilette.

Le *New York Athletic Club* a été fondé le 8 septembre 1868 ; le nombre de ses membres est limité à 2 000 et 800 personnes sont inscrites à la file pour en faire partie. Ajoutez qu'il y en a d'autres du même genre dans New York, mais aucun, je pense, ne possède une annexe aussi charmante que la propriété de Travers Island, qui lui a été laissée par un de ses anciens présidents. C'est à quarante minutes de New York, sur le bras de mer appelé *the Sound*. De gracieux mouvements de terrain, un site à la fois sauvage et civilisé séduisent dès l'abord le visiteur : un grand pavillon — presque un château — s'élève sur la colline ; à l'intérieur, des chambres pour les membres, un bar, des salons, des salles de bain ; la grande salle est ornée d'une monumentale cheminée où sont inscrits, encadrant une fresque vaporeuse, ces mots charmants : *When friends meet, hearts warm,*

« Quand les amis se rencontrent, les cœurs s'échauffent ». Un sceptique ferait bien remarquer que le whiskey échauffe aussi les cœurs, plus peut-être que l'amitié; mais moi qui ne le suis pas, j'approuve pleinement qu'on poétise les effets du whiskey en les attribuant à l'amitié; en foi de quoi, nous avalâmes aussitôt quelques cocktails!

Huit jours plus tard, je reprenais le chemin de Travers Island, une petite cocarde bleue et rouge indiquant que ma boutonnière était admise à porter les couleurs du club; il s'agissait d'assister au *Fall meeting*, c'est-à-dire à la réunion d'automne clôturant la série des fêtes de plein air; à la gare, une foule véritable, des guichets supplémentaires établis, des trains toutes les cinq minutes....

Il fait superbe; de la station à la grille d'entrée, la route est sillonnée de breaks, de cavaliers, de bicycles et de piétons. L'aspect de l'île est des plus gais; les tribunes, peuplées de toilettes claires, sont déjà remplies. Un mail-coach hardiment conduit tourne devant la maison, d'où s'échappent les accords d'un orchestre à peu près tzigane. De la galerie extérieure, on voit l'ensemble de la propriété ; la grande pelouse verte avec les bannières blanches, les coureurs en costume, causant par groupes, le jury réuni sous une tente, et une musique militaire entourant son chef qui est debout, le bâton levé !... Des barques circulent sur la rivière, qui s'en va se perdre dans la mer semée d'îles verdoyantes. Les voitures arrivent toujours et la conversation s'anime. La réunion est choisie ; il n'y a là que des invités ; pourtant ce n'est pas aussi raffiné, aussi correct que cela le serait en Europe. Les hommes sont plus négligés : ils crachent, ils reniflent, ils s'étalent avec un reste de sans-gêne yankee.

Les courses ont été bien menées et bien soutenues ; celle de 3 milles (4 kilomètres) est enlevée en 15 minutes 11 secondes 1/5. Les sauts à la perche sont également très remarquables ; une course d'obstacles divers obtient un succès de gaieté ; après chaque exercice, des crieurs viennent annoncer aux quatre points cardinaux le nom du vainqueur, la durée de sa course, la hauteur qu'il a sautée, etc. ; et, quand le *record is broken*, c'est-à-dire quand le maximum de hauteur, le minimum de temps antérieurement atteints se trouvent dépassés, un tonnerre d'applaudissements salue le nouveau champion.

Pendant un entr'acte j'ai gagné le garage de bateaux caché derrière un repli de terrain, au bord de l'eau ; la saison est finie ; quelques jerseys sèchent encore dans le vestiaire, mais la plupart des embarcations dorment leur long sommeil hivernal. Les eaux brillent au soleil et réfléchissent les feuilles rouges, de ce rouge d'Amérique qui vous griffe les yeux et donne au paysage une apparence de mascarade ;... un des gardiens du garage pêche des quantités de petits poissons plats, qui gigotent sur les planches du ponton d'embarquement avec des soubresauts de désespoir....

XII

Columbia College fut fondé en 1754, sous le nom de King's College : réorganisée après la Révolution sous le nom qu'elle porte encore aujourd'hui, cette puissante université compte 1 700 étudiants et ses revenus montaient il y a quelques années à 1 100 000 francs; les bâtiments qu'elle occupe représentent une valeur de 3 838 500 francs. C'est assez gentil et si j'étais Columbia College je réaliserais promptement cette somme, et l'emploierais à m'installer grandement sur les rives de l'Hudson ou sur la baie de New York. Quelque plaisantes que soient la Quatrième Avenue et la Cinquantième rue, un coin de rivage ferait bien mieux mon affaire et celle de mes étudiants. Telle qu'elle est actuellement, l'université se trouve dans une situation de notoire infériorité par rapport à ses sœurs. Je ne parlerai pas seulement des dangers que les grandes cités font courir à la jeunesse, parce que d'une part les jeunes gens qui veulent travailler savent bien le faire dans les villes, et que de l'autre ceux qui veulent s'amuser y réussissent parfois dans les bourgades; mais le travail n'est pas tout dans une éducation universitaire et ces étudiants disséminés çà et là, vivant séparément, perdus dans le brouhaha de New York, ne peuvent retirer de leur stage de quatre années les avantages moraux et sociaux qu'une organisation différente leur assurerait.

Columbia possède une école des mines, une école de médecine, une école de droit, une faculté dite « des arts » et une faculté des sciences politiques. Diverses associations et corporations de New York jouissent du privilège d'y faire entrer gratuitement un certain nombre de jeunes gens. Il y a, d'ailleurs, des bourses de la valeur de 100 dollars (500 francs) chacune et des *fellowships*.

XIII

Le catalogue du Berkeley School est revêtu d'une couverture en parchemin avec une inscription en lettres dorées; cela convient très bien à un collège aristocratique tel que celui-ci. Il fut ouvert le 23 septembre 1880, au n° 252 de Madison avenue. Son fondateur, l'aimable docteur John White, était un gradué d'Harvard; il enseignait de 1870 à 1873 dans une école de Boston. En 1874, il parcourut l'Europe pour y visiter les principaux établissements d'instruction; les six années qui suivirent, il dirigea un collège à Cleveland, Ohio, et s'en vint enfin à New York réaliser une idée qu'il nourrissait depuis longtemps. L'idée était bonne, ou du moins le public la jugea telle. Au début, il eut 6 enfants; quelques mois après, ils étaient 60;

au commencement de la seconde année, on en comptait 150 ; et à présent, les parents prennent soin de faire inscrire leurs fils plusieurs années à l'avance ; les places sont prises dans le présent et dans l'avenir. Cela a permis d'attirer de bons professeurs, en leur donnant des salaires élevés.... Le succès étant indiscutable, il se trouvera sûrement de braves millionnaires pour enrichir le Berkeley, y créer des bourses,... et ce collège deviendra puissant et exercera une action sur le monde pédagogique.

Actuellement, c'est une maison de la quarante-quatrième rue, ne différant en rien de ses voisines. Façade étroite, porte basse ; dix autres façades étroites et portes basses suivent celle-ci. New York se bâtit par tranches et le même motif indéfiniment répété indique qu'un même spéculateur et un même architecte ont élevé ces demeures uniformes, toutes à la fois. À l'intérieur de celle-ci, on trouve un escalier tournant, des paliers resserrés, des chambres démeublées pour la « recitation », d'autres pourvues de pupitres.... Cela répond si peu à l'idée que nous nous faisons d'une école que j'en demeure confondu. 250 enfants apprennent du latin dans ce petit hôtel? C'est invraisemblable! le latin ne *prend* pas sur ces murs couverts de papier à fleurs, sous ces plafonds à rosaces! Ils viennent remettre leurs devoirs et recevoir des semonces dans ce délicieux cabinet de travail où le Dr White siège en complet gris devant un bureau Louis XVI?

... Eh bien, pourquoi pas? après tout! Et faut-il que nous soyons assez routiniers pour préjuger d'une éducation par le cadre qui l'entoure! Vous me direz que ce n'est pas l'élégance, mais la petitesse du cadre qui choque. Une école doit être vaste, avec des pièces de grandes dimensions, où l'air et le jour se trouvent bien à leur aise! Cela vaut mieux, j'en demeure d'accord. Mais le Berkeley est un externat : 8 élèves seulement sont internes; tous les autres arrivent à neuf heures le matin, après avoir déjeuné, et leurs classes, interrompues seulement une demi-heure à midi, pour un léger lunch, cessent à 2 h. 50. Le samedi, ils ne viennent pas du tout; chaque jour ils emportent des devoirs à faire chez eux.

Pour un tel régime, c'est beaucoup de payer 2 000 francs par an (les internes payent de 5 000 (à 6000 francs). Mais le Dr White s'adresse à une clientèle qui trouve ce prix très modéré ; il est aisé, d'ailleurs, avec des *bourses* nombreuses et bien garnies, de rétablir le niveau démocratique ;... et puis les élèves du Berkeley jouissent de grands avantages au point de vue des jeux et des exercices physiques. Tout à côté du collège se trouve un Athletic Club ingénieusement fondé par le Dr White. Il se rendait compte que l'établissement d'un gymnase, d'une piscine, d'un *boat house* et l'achat de terrains de jeux coûteraient un prix énorme, et il songeait aux moyens de réduire cette dépense. Il imagina donc de créer un club avec la clause qu'à de certaines heures le club appartiendrait à ses élèves. A New York, tout le monde est occupé dans le milieu de la journée ; c'est alors que le magnifique gymnase, les douches, la piscine, les *bowling alleys* sont envahis par la jeunesse ;... puis, vers six heures, les membres viennent à leur tour faire du trapèze et nager. Actionnaires du club, ils se trouvent en même temps intéressés à la prospérité de l'école.... C'est très malin ! Le plus curieux c'est que la société des administrateurs vient de s'adjoindre un club athlétique pour les femmes; c'est le seul dont j'aie encore entendu parler. Une entrée séparée donne accès à un gymnase dont les appareils sont appropriés aux besoins du beau sexe,... si tant est que le beau sexe ait besoin d'autre chose que de plein air et d'exercices naturels. L'édifice contient encore une superbe salle de spectacle où les élèves donnent leurs séances de déclamation et qui, louée le reste du temps pour des concerts et des conférences, rapporte un très joli revenu.

Le *boat house* est situé sur les bords pittoresques de l'Harlem River, à 20 minutes de New York; il est gentil et meublé d'excellents bateaux. Le Dr White est venu au secours d'une société nautique qui sombrait... en lui achetant tout son matériel, dont elle peut maintenant continuer à se servir en retour d'une cotisation modérée. Toujours la même organisation : les élèves d'abord, les membres ensuite. Sur une colline, dominant la rivière, se trouve le terrain de jeu connu sous le nom de « Berkeley Oval ». C'est une pelouse de grandes dimensions, entourée d'une piste en *parabole*, ce qui assure aux mouvements des coureurs une grande régularité(?). Des tribunes s'élèvent sur un côté; ailleurs, un espace s'inonde aisément pour être transformé en patinoire; plus loin encore, des écuries où les joueurs qui viennent à cheval de New York peuvent faire attendre leurs montures.

Les leçons de gymnastique sont données le jeudi et le mardi pendant une heure, mais les enfants ont, en outre, la permission de fréquenter le gymnase les autres jours, et tout à leur guise. On les examine soigneusement deux fois par an. Ils vont au « Berkeley Oval » le lundi et le vendredi dans l'après-midi.

Les lundi, mercredi et vendredi, de dix à onze heures du matin, il y a exercice militaire obligatoire pour tous. Ces jours-là, les élèves portent un uniforme de drap bleu foncé avec des galons correspondant à leurs grades. Le petit régiment du collège est absolument indépendant. Il y a un colonel, un adjudant, un sergent-major et six compagnies. On leur apprend un peu de théorie, ainsi que le maniement du sabre et de la lance. Le Dr White, qui a servi pendant la guerre, dirige lui-même, avec le plus grand soin et le plus grand sérieux, sa troupe, où figurent des soldats de six ans; assurément, c'est l'un des côtés les plus typiques des Américains, ce militarisme un peu puéril qui semble leur tenir au cœur. En Angleterre, il n'est jamais question de mettre un fusil dans les mains d'un enfant et de le faire pirouetter au commandement à droite et à gauche; mais, quand les jeunes gens se transforment en hommes, on aime bien qu'ils s'enrôlent parmi les volontaires, et, avant même de quitter le collège, beaucoup le font. L'idée de constituer dans le collège un corps spécial que ne dirige ou ne surveille aucun officier de l'armée régulière, et dont les chefs sont eux-mêmes des élèves, me paraît originale, pour ne pas dire davantage. Cela tourne au joujou.

Washington a laissé derrière lui une armée naissante qui ne s'est guère développée numériquement, parce que la nécessité ne s'en faisait pas sentir, mais qui a conservé dans toute sa vigueur l'esprit militaire dont il l'avait animée. Demain nous irons lui faire visite, dans cette solitude de West Point qui est à la fois son berceau et son quartier général.... Mais à côté de cette armée, aussi solide que restreinte, du moins quant aux officiers, le militarisme vulgaire s'est répandu de tous côtés. Il faut en chercher la cause dans l'émigration allemande et dans les souvenirs de la guerre de Sécession, cette interminable et terrible lutte pleine de prodiges d'énergie, de dévouement et de stoïcisme antique. Américains de naissance et Allemands américanisés par l'émigration sont tout à la paix, au commerce, aux audaces financières, aux rivalités mercantiles;... mais ce passé sanglant agit sur les premiers et les seconds ne peuvent oublier que Bismarck est leur compatriote; ils l'oublient d'autant moins qu'ils se sentent hors de son atteinte, plus portés, par conséquent, à l'admirer. Il en résulte que ce peuple, une fois ses affaires terminées, ses opérations suspendues, joue au soldat avec un vif plaisir. Cela les amuse énormément de boutonner leurs vêtements, de marcher en rang et d'obéir à quelqu'un.... D'ailleurs la pédagogie allemande leur persuade que la discipline militaire est le meilleur instrument d'éducation; et ils en font consciencieusement l'essai, après avoir d'ailleurs donné libre carrière à leurs instincts d'Anglo-Saxons.

Mais nous voici loin du Berkeley et, avant de le quitter, je voudrais noter un fait caractéristique. Quand un garçon se présente pour y être reçu, on lui demande la promesse écrite qu'il ne fumera pas tant qu'il fera partie du collège; or, lorsque les paquebots débarquent leurs passagers, on fait signer à ceux-ci la déclaration qu'ils n'ont dans leurs malles aucun objet susceptible d'être taxé à la douane; ensuite, on fouille les malles exactement comme si nulle déclaration n'avait été signée. Agit-on de même ici vis-à-vis des garçons, ou s'en rapporte-t-on à leur parole?

Quand je quittai le Dr White, il me remit aimablement une brochure renfermant les divers discours prononcés l'an dernier à l'inauguration du gymnase. Cela commença, suivant la coutume, par une prière que lut l'évêque de New York. Je n'avais encore jamais eu connaissance d'une prière composée pour l'inauguration d'un gymnase et je n'avais pas l'idée de toutes les belles choses qui peuvent être dites à cette occasion sur le rôle de la force musculaire en ce monde, sur la légitimité de la recherche d'une beauté physique qui marche de pair avec la santé et la vertu. Après la prière vinrent les *speeches*, gais et spirituels, et remplis de ces anecdotes insignifiantes auxquelles les Américains ont le don d'ajouter de l'intérêt et du charme par la façon ravissante dont ils les content. Où ont-ils pris ce don-là?... ce n'est sûrement pas en Angleterre. Le premier orateur débuta en avouant que, ne sachant quoi dire, il s'était adressé à son jeune fils, élève enthousiaste du Berkeley, et lui avait demandé quel plan il devait suivre dans son discours : « Eh bien, papa, répondit l'enfant, fais une *tartine* sur le collège..., et *de l'épate* à propos du Dr White,... et..., et dis-leur que le gymnase va être un grand progrès pour le pays ».

XIV

Sur le pier, nous attendons le bateau d'Albany qui fait escale à West Point. Sa masse blanche apparaît dans les brumes ondoyantes qui roulent sur l'Hudson, et le mouvement de son lourd balancier se dessine sur le ciel. C'est une maison flottante, à plusieurs étages. Des drapeaux français, hollandais, anglais, espagnols s'agitent sur la terrasse qui forme le toit, tandis qu'à l'intérieur un orchestre fait entendre le *Chant du Départ*. Les nègres vont et viennent dans la vaste salle à manger; des marchands de photographies et de mauvais romans apportent leurs marchandises presque sous le nez des voyageurs qui, confortablement étalés dans les *rocking chairs*, regardent passer les rives majestueuses du fleuve.

L'Hudson, par un beau jour comme celui-ci, constitue un des très rares paysages devant lesquels le touriste européen qui ne franchit pas le Mississipi doit s'incliner; partout ailleurs, les souvenirs de son vieux monde font pâlir pour lui les tableaux qu'il contemple. A la longue, il se fait aux charmes mystérieux de la plaine immense, des forêts sombres, des savanes et des marais, mais l'impression première a été décevante et il faut longtemps pour qu'elle s'efface. Au contraire, les rives de l'Hudson, la masse du Niagara tombant à ses pieds, le panorama de Québec et celui de Montréal, le Potomac vu du Capitole de Washington et les étincelants couchers de soleil de la Floride restent pour toujours présents à sa mémoire.

New York est déjà loin, silhouette fantastique surmontée par une réclame dont les lettres géantes sont accrochées en l'air sur un treillis de métal; le mouvement diminue; plus de *ferries*, plus de barques. L'Hudson, puissant et calme, est bordé à droite par des collines verdoyantes semées de villas; à gauche, ce sont les fameuses Palissades, longue suite de falaises qui tombent à pic dans le fleuve; taillées avec une incroyable symétrie, bordées en haut et en bas d'une épaisse couche de végétation, ces murailles ont l'aspect farouche des grandes excentricités naturelles; elles s'en viennent, l'une derrière l'autre, un peu en biais, comme des vagues formidables, soudainement pétrifiées, et c'est ainsi pendant des lieues et des lieues. Notre paquebot les suit d'assez loin et nous les voyons disparaître à l'horizon dans un brouillard irisé. La solitude est complète à présent et l'orchestre joue un hymne triomphal, qui transforme notre promenade en une expédition de conte de fée sur une route enchantée....

Ensuite le paysage se modifie rapidement; nous entrons dans les « Highlands ». Là, tout a un nom écossais et tout, à la vérité, rappelle l'Écosse; voici de belles montagnes où le rocher alterne avec les sapins. Le fleuve circule dans un labyrinthe prenant, à chaque instant, des aspects de lacs. Enfin le bateau s'arrête et, sur l'estacade, nous apercevons des uniformes dorés, des aiguillettes resplendissantes, des toilettes printanières. A quelques encablures chauffe une canonnière à trois mâts, toute blanche.... Ce sont les délégués des trois Amériques qui sont venus visiter West Point et qui repartent. Il y a eu une revue en leur honneur et le « superintendant », comme on appelle ici le commandant de l'école, est venu les reconduire. Le congrès s'est réuni à Washington l'autre jour; après avoir entendu le discours de M. Blaine et avoir présenté leurs hommages au chef de l'État, les invités de la République ont été priés de s'ajourner à six semaines; un train spécial, dont les wagons ont été aménagés avec un luxe inouï, va les promener à travers les États-Unis; on leur montrera le Niagara et les abattoirs de Chicago, West Point et Annapolis [1], Boston et San Francisco;... c'est la préface ingénieuse qu'a imaginée le « Bismarck américain ».

Le colonel Michie nous attend; il n'a pas mis d'aiguillettes pour nous, ni revêtu sa grande tenue, mais il a une provision de bonne volonté qu'il met à notre service. Ensemble, nous gravissons la colline et pénétrons dans le manège

---

1. École navale des États-Unis.

et dans les écuries; de là, nous passons à un pavillon carré qui renferme les bureaux et l'administration. Le superintendant, assisté de son aide de camp, nous fait un parfait accueil; sa physionomie est *claire*; il a une attitude très militaire et une politesse de grand seigneur. De la fenêtre où il se tenait, une lorgnette à la main, au moment où nous sommes entrés, on découvre l'Hudson encadré dans les montagnes, avec un premier plan de sapins et de pentes abruptes. Faisant point de vue au centre du tableau, la canonnière fédérale apparaît dans un nuage de fumée. Elle envoie le salut de 21 coups de canon que répercutent les échos de West Point, cependant que le pavillon étoilé s'abaisse et se relève lentement. C'est le rêve de Blaine qui passe, c'est l'avenir de l'Amérique, ce sont les aspirations ardentes et confuses du nouveau monde, auxquelles il a donné une forme et créé une légende!

Le *Mess Hall* est un grand réfectoire orné de trophées et de trois beaux portraits représentant Grant, Shéridan et Sherman : on les a inaugurés hier en présence du dernier survivant des trois, Sherman. Le menu paraît bon.

et substantiel; à côté, se trouve la table des jeunes officiers célibataires; les murs du fumoir sont couverts de souvenirs de Napoléon Ier et un moulage de sa figure est sur la cheminée. On le vénère ici et il semble, d'ailleurs, que le régime soit en partie calqué sur celui de nos écoles militaires. Au point de vue matériel, les saint-cyriens gagneraient au change, mais par ailleurs ils auraient peine à se faire aux sévérités du règlement. Cela n'a aucun rapport avec la vie que mènent les élèves de Woolwich et de Sandhurst. Ici tout est réglementé; les « cadets » sont occupés toute la journée; ils n'ont pas un instant dont ils puissent disposer pour le sport ou la promenade; le samedi seulement, dans l'après-midi, ils ont droit de s'échapper pendant quelques heures. Le cours dure quatre années, avec huit semaines de vacances en une seule fois, entre la deuxième et la troisième année. Les parents qui viennent voir leurs fils ne peuvent même pas les avoir à dîner.

Nous entrons dans le gymnase, dans les casernements, un peu partout. Les cadets sont deux dans une chambre. Le mobilier est d'une simplicité spartiate; mais, du moins, il y a de la place, de l'air et de l'eau; ce n'est pas la chambrée. Les voici qui descendent au mess, fifre et tambour en tête, bien alignés et d'une allure très martiale; ils ont leur petite tenue : pantalon et dolman très collants en drap gris bordés de galon noir. Les cadets sont nommés par le président des États-Unis, qui a le droit d'en choisir dix sans désignation d'État et ensuite un dans chaque État ou territoire représenté au Congrès. En pratique, c'est le député de l'État qui désigne au président celui des candidats qu'il convient de choisir et, chose singulière, ce système a donné de bons résultats. Pourtant, différents États ont établi des concours préliminaires, afin d'éliminer les médiocrités et de laisser moins de place à la protection. Une fois admis, les cadets ont encore à passer un examen d'entrée : examen physique dans lequel on se montre assez sévère; examen intellectuel qui porte sur la grammaire, l'arithmétique, l'histoire et la géographie des États-Unis; il est impossible d'en moins demander et beaucoup d'Américains estiment, avec raison, que ce n'est pas suffisant.

Chaque année, le président nomme un comité de « visiteurs » chargés d'inspecter l'Académie (c'est ainsi qu'on appelle l'école), et de rendre compte aux Chambres des résultats de leur enquête. Tout leur est révélé; ils examinent les comptes, l'état des toitures et la qualité de la viande, aussi bien que l'enseignement et la discipline. Cette commission civile est au reste fort bien reçue à West Point, où sa venue ne paraît pas exciter de jalousies.

A un certain moment, malgré le respect profond que les Américains portent à toute institution dont Washington a été l'inspirateur, l'opinion publique s'émut de certaines critiques; on représentait l'Académie comme un centre aristocratique qui devenait un danger pour la démocratie républicaine. La commission d'enquête, par les statistiques qu'elle publia, fit disparaître ces accusations mal fondées.

Les cadets reçoivent, dès leur admission, une paye de 2 700 francs par an; ils sortent avec le titre de second lieutenant; mais souvent aussi, ils restent en route, tant pour insuffisance de travail que pour infractions au règlement. On est très sévère et il est indubitable que le corps d'officiers des États-Unis est un corps d'élite; les soldats, recrutés à la vieille mode anglaise, ne sont peut-être pas dignes d'être si bien commandés.

Les dépenses annuelles sont de 775 975 francs; les Américains calculent qu'un régiment d'infanterie coûte à peu près quatre fois plus par an et que l'État de Pensylvanie dépense le double de cette somme pour subvenir aux frais de sa garde nationale [1]. La commission de 1879 avait indiqué, parmi les améliorations désirables, une réforme de l'enseignement des langues vivantes; il s'agissait de remplacer l'espagnol par l'allemand. Les commissaires de 1887 ont été mieux avisés en soulignant l'importance de l'espagnol sur un continent où cette langue est si répandue.

---

1. Les charges inscrites au budget de la Grande-Bretagne pour les écoles de Woolwich et de Sandhurst s'élèvent à environ 1 280 900 francs.

LA
NOUVELLE-ANGLETERRE

I

Avez-vous remarqué parfois, dans nos chemins de fer, ces femmes aimables et sémillantes qui viennent occuper dans un compartiment déjà habité la place voisine de la vôtre? D'un sourire, elles vous remercient parce que vous vous effacez poliment, et ce sourire semble marquer qu'elles se trouvent très à l'aise et n'ont pas besoin de plus d'espace. Puis, peu à peu, elles empiètent sur leurs voisins : celui de droite est envahi par des châles; celui de gauche disparaît sous des journaux et celui d'en face loge deux ou trois sacs sur ses genoux, et personne ne se plaint, parce que l'encombrante visiteuse est jolie et qu'elle continue de sourire.

Telle est Boston : elle s'installa, il y a bien longtemps, sur une petite colline qu'environnaient une large rivière et des plaines marécageuses, et au pied de laquelle la mer venait pousser ses pointes à travers une magnifique rade semée d'îlots. Du haut de sa petite colline, Boston sourit aux alentours; la coupole dorée de sa *State House* étincelle au soleil, des arbres déjà séculaires élèvent leurs dômes de verdure au-dessus des maisons et de petites rues tortueuses s'enchevêtrent gentiment avec des aspects antiques et des prétentions de vétusté. Aussi les Bostoniens sont-ils très fiers de leur cité, à laquelle ils trouvent des mines de vieille dame et des grâces de jeune fille tout à la fois. La vieille dame reste auprès de la coupole dorée; la jeune fille descend dans la plaine marécageuse qu'elle dessèche, et jusque dans la rivière qu'elle rétrécit, et sur ces terrains conquis s'élèvent de grands et beaux édifices; là où l'élément liquide se refuse à disparaître, on bâtit sur pilotis. L'air est salubre d'ailleurs, le climat sec, et cette humidité du sol ne paraît nullement fiévreuse.

Comme la ville, les habitants aussi ont deux faces : ils font des affaires et s'enrichissent peut-être plus lentement, mais sans doute plus sûrement que les New Yorkais; ils s'agitent, remuent, boivent de l'eau glacée pour éteindre le feu qu'ils rallument avec des cocktails; d'autre part ils ont des goûts raffinés, et *se retirent* pour les satisfaire; les New Yorkais demeurent sur la brèche jusqu'à ce que la mort vienne les trouver : les Bostoniens l'attendent à l'Union Club. C'est là qu'après avoir beaucoup parcouru le monde, doué d'une largeur de vues qui frise le scepticisme, causeur charmant, fin critique, homme correct et affable, le Bostonien célibataire, veuf ou un peu marié, établit son dernier quartier général. La presse de l'univers entier lui apporte les échos des pays qu'il a parcourus, les paroles des hommes politiques qu'il a rencontrés; Berlin, Pétersbourg et Paris lui sont connus comme Buenos Ayres et Santiago et lorsque, sur le tard, il lui prend fantaisie de changer d'air à la suite de quelque névralgie ou d'une attaque de rhumatisme, il s'en va passer trois semaines au Caire!

Un beau jour, il reparaît dans la salle à manger du club et William, qui est au courant de ses habitudes, lui apporte son plat favori.... Un type, ce William; il n'est pas nègre, il tient à sa livrée, il vous répond poliment et, n'était sa main qui tremble fort en versant le thé, le vieux monde ne pourrait lui opposer de serviteur plus fidèle et plus exact; on devrait le mettre sous verre, en ce pays où l'on est si mal servi, si ce n'est par les nègres et l'électricité.

Du sommet de cette fameuse coupole dorée qui, par sa hauteur et ses reflets, attire constamment les regards, on voit un amas de choses charmantes : le parc d'abord, avec ses parterres, ses corbeilles de fleurs, ses allées d'ormes et un cimetière vénérable où l'on enterrait du temps de S. M. George III. Cela, c'est le vieux Boston, pimpant et gai. Au delà s'étend un océan de maisons; on en a mis partout; les sinuosités de la rivière en sont bordées; on dirait des fjords. Au delà encore, la campagne et le port où de gros navires sont à l'ancre. C'est la nouvelle escadre qui va partir pour un long voyage en Europe. La marine fédérale, ruinée par la guerre de Sécession, vient de renaître et, comme les coffres de l'État regorgent de richesses qu'on ne sait comment employer, il est à croire qu'une flotte formidable sera rapidement construite. En voici l'avant-garde. Les Européens pourront admirer tout à leur aise le cuirassé *Chicago* et ses collègues pendant le séjour que ces beaux navires feront dans leurs eaux.

II

Cambridge touche à Boston comme Eton à Windsor : on passe de l'une à l'autre presque sans s'en douter. Seulement, au lieu d'un simple pont sur la Tamise, il faut ici suivre une interminable chaussée; la rivière Charles, peu profonde à cet endroit, a des largeurs infinies et, dans ses eaux dormantes, la ville qui se reflète rappelle les tranquilles cités hollandaises se mirant dans les canaux. Sur la chaussée, supportée par de lourds pilotis, d'aspect incorrect, les tramways électriques circulent, tressautant dans leur marche rapide sur les rails mal joints. De petites étincelles bleuâtres s'échappent des roues, et un feu follet incessant suit le bras métallique qui surmonte le véhicule et glisse sur un fil tendu en l'air.

Le Cambridge américain n'a rien de l'extrême beauté et du charme majestueux du Cambridge anglais. Il y a bien quelques réminiscences pourtant dans les clochetons ajourés et dans le *Memorial Hall*, cet immense édifice, élevé par les *alumni* (anciens élèves) à la mémoire de leurs frères morts pour la patrie. L'intérieur comprend un vaste réfectoire, un vestibule où, sur des plaques de marbre, sont gravés les noms des nobles victimes, et un amphithéâtre. C'est grand et beau, mais cela manque un peu de parfum. Il n'y a pas de vieux lambris et les murs ne sont pas imprégnés de cette *essence d'âmes* qui embaume les Halls semblables, dans le « vieux pays ». Les étudiants qui viennent là trois fois par jour prendre leurs repas se sont groupés volontairement ; ils s'administrent eux-mêmes, choisissent leurs cuisiniers et leurs domestiques et se partagent les dépenses. On ne voit point sur l'estrade de places réservées aux autorités universitaires et, les jours de fête, on ne dépose point des pièces d'argenterie devant des docteurs en robes rouges. Ce n'est pourtant pas l'ancienneté qui fait défaut ; tout près du

Memorial Hall, John Harvard, le fondateur de l'université, a sa statue; il y est représenté sous des traits fantaisistes, car nul portrait n'a été retrouvé. On sait seulement que, sorti des universités anglaises en 1631, il émigra à Charlestown et qu'il y mourut le 24 septembre 1638, laissant 300 volumes recueillis par lui et une somme d'environ 20 000 francs destinée à la fondation d'un collège. Le collège prit le nom de son fondateur et délivra en 1642 ses premiers diplômes. Une charte, en date de 1650, en fit une corporation reconnue.

On aimerait à en savoir plus long sur les origines de la plus ancienne université du nouveau monde, sur la vie de cet audacieux, venu semer la science dans un coin du continent immense. Eut-il le pressentiment des destinées réservées à sa fondation? Put-il entrevoir la plaine de Cambridge couverte d'édifices et peuplée de 1 800 étudiants? Devina-t-il le rôle futur de ce centre intellectuel au sein de la république émancipée?

L'université commença par s'appuyer sur l'État de Massachusetts, qui la soutint moralement et financièrement, puis elle prit son vol et il ne resta qu'un lien nominal définitivement brisé en 1865. Les générosités particulières ont plus contribué à l'enrichir que les largesses gouvernementales. La faculté des sciences fut établie avec les 300 000 francs donnés par Abbott Laurence. George Peabody, le bienfaiteur des ouvriers, donna près d'un million pour établir un musée qui porte son nom. Le legs le plus récent a une étrange destination : on a dû, de par la volonté du testateur, en employer le montant à la construction d'une grille monumentale.

L'administration de l'université appartient à la *Corporation* et au *Board of overseers*. La *corporation* comprend le président et 5 membres, lesquels se recrutent eux-mêmes avec l'approbation du *board*. Ce second conseil comprend 30 membres, élus pour six ans par les anciens élèves diplomés et sortis de l'université depuis cinq ans au moins. Le *board* n'a que le pouvoir de ratifier les nominations de professeurs faites par la corporation. Il y a en plus le conseil académique, composé des professeurs et des professeurs-adjoints et qui règle les questions générales de discipline et décerne les diplômes.

Le diplôme n'est pas le résultat d'*un* examen, mais le résultat de l'ensemble des examens qui terminent les différents cours.

Oxford et Cambridge sont des républiques littéraires en pays monarchique; les universités américaines au contraire ont des rois qui exercent le pouvoir avec une autorité indiscutée. Leur influence dépasse même les limites de leurs royaumes; on leur demande de poser des premières pierres, on leur offre des bouquets, on *boit* leurs discours et, comme on les désigne par ces mots « le président un tel », l'étranger, qui n'est pas au courant de l'histoire parlementaire des États-Unis, se demande toujours s'il a affaire à l'un des prédécesseurs du chef actuel de l'État. Le président Eliot ne changerait pas, je pense, son petit cottage de Cambridge contre le séjour peu durable de la Maison-Blanche. A peine se trouve-t-on installé dans ce dernier édifice qu'il faut faire ses malles pour en sortir, et d'ailleurs la tranquillité y est chose inconnue. A Cambridge, au contraire, la fortune n'est pas si changeante; on peut se permettre les projets à longue échéance, on peut tabler sur le lendemain et nulle préoccupation électorale ne vous vient détourner de la voie que vous suivez. Quand on est, en plus, populaire et aimé, on peut se vanter d'avoir pris un bon billet à la loterie humaine, et j'imagine que tel est le cas du président Eliot.

III

C'est lui-même qui se charge de me faire faire connaissance avec Cambridge et on n'a pas eu le temps de lui expliquer ce que je viens faire en Amérique, qu'il a déjà son chapeau sur sa tête et un plan à me proposer. C'est convenu ! nous allons voir la bibliothèque, les terrains de jeux, des laboratoires, des collections,... et nous finirons par le gymnase. Entre-temps nous saluerons l'arbre fameux au pied duquel Washington prit, en 1775, le commandement de l'armée !

Ce jour-là, nous vîmes en effet beaucoup de jeunes gens se livrant au *foot-ball*, au tennis, s'entraînant pour les courses, et nous vîmes aussi des carcasses antédiluviennes et des coquillages innombrables. L'arbre de Washington se montra sous l'aspect vénérable qui convient à son âge, avec des emplâtres de fer-blanc sur son écorce et la propreté minutieuse des vieillards qui se soignent. Quant au gymnase, un spectacle assez pittoresque nous y attendait.

On le nomme *Hemenway Gymnasium*, du nom de l'ancien étudiant qui a donné 500 000 francs pour le construire. L'intérieur est bondé de cordages et d'agrès. Le jour commençait déjà à baisser et la lumière électrique ne tombait pas encore du plafond. Dans ce demi-crépuscule on apercevait des jeunes gens vêtus de jerseys sans manche et se livrant sur place à des contorsions inexplicables; en même temps des grincements de poulies, des bruits de ferraille et de roues insuffisamment graissées s'échappaient des encoignures. Au centre seulement quelques sauteurs s'exerçaient à franchir une barre de plus en plus haute; mais que faisaient les autres? impossible de le dire au premier coup d'œil. Je m'en rendis compte peu à peu. Ils tiraient avec leurs bas ou leurs jambes, soulevaient avec leurs têtes ou leurs épaules, poussaient avec leurs genoux ou leurs... tout ce que vous voudrez, des poids savamment gradués qui glissaient entre des rainures. C'était le triomphe de la *gymnastique locale*. A l'un on avait indiqué un projet de déformation qu'avait sa hanche gauche, l'autre savait depuis la veille que le diamètre du petit doigt de sa main droite était d'un demi-millimètre supérieur à celui du petit doigt de sa main gauche, et un troisième avait reçu des révélations désastreuses sur les dimensions de son avant-bras; alors ils travaillaient consciencieusement, le premier à convaincre sa hanche, le second à rétablir l'équilibre entre ses petits doigts et le troisième à faire grossir son avant-bras! Tout cela dans quel but?... Pour en arriver tout simplement à ressembler à l'*homme normal*. Je demandai donc à voir l'homme normal et nous prîmes un petit escalier en colimaçon qui mène aux bureaux du Dr Sargent.

Pour le coup, je me crus au conseil de revision. Un magnifique cabinet de travail s'ouvrait devant moi, tout rempli de statuettes antiques, de gravures, de photographies, de livres et de papiers, et sur le seuil de la porte trois ou quatre jeunes gens absolument nus attendaient, les bras croisés, que leur nom fût appelé. Le Dr Sargent se leva de son bureau et nous tendit gracieusement la main. Un de ses aides procédait à un examen; il l'interrompit et lui fit tout recommencer, afin de me donner une idée exacte de sa méthode et de ses principes. L'étudiant essaya d'abord ses forces sur une manière de dynamomètre, puis on détermina la puissance de son souffle à l'aide d'un spiromètre, et ensuite on lui posa sur le cœur un petit instrument rond dont le tuyau de caoutchouc alla se perdre dans l'oreille du docteur. 58 mesures furent alors prises sur son corps, depuis la plante des pieds jusqu'au sommet de la tête, et les 58 chiffres annoncés à haute voix et répétés par un scribe — tout comme chez le tailleur — prirent place dans les 58 cases d'une feuille imprimée qui me fut remise en souvenir. Ce n'était pas tout : on demanda à l'examiné ce qu'étaient son père et sa mère, ses grands-pères et grand'mères, de quelles maladies ils étaient morts, auquel d'entre eux il ressemblait le plus. On inscrivit sur les tablettes des indications relatives aux battements de son cœur, au développement de son foie, à la durée de la respiration; on s'enquit s'il s'enrhumait facilement et s'il saignait du nez. Ensuite il se rhabilla et, avant de s'en aller, acquitta le montant des « droits d'examen ».

Alors le docteur me fit voir les gros registres où sont enfermés les débuts d'une science nouvelle, l'anthropométrie, et je pensai à la joie des antiquaires de l'an 2000 fouillant dans ces bouquins; quant aux portraits de famille, ils seront alors remplacés par les feuilles anthropométriques des ancêtres et on arrêtera ses amis devant une tablette jaunie, couverte de chiffres et encadrée d'or : « Voici mon arrière-grand-oncle, dira-t-on.... Voyez comme son biceps était puissant! » Le Dr Sargent a reconstitué *l'homme normal*, un peu au hasard bien entendu, et il vous trace au moyen d'un dessin graphique la courbe de vos déformations, c'est-à-dire ce que vous êtes par rapport à l'homme normal. Nous voyons là des *courbes* célèbres! celles de Hanlan, le rameur, de Sullivan, le boxeur célèbre.... Tout à l'heure, sur le corps de l'étudiant examiné, nous avons constaté la « dépression produite par le pupitre ».

Après une nouvelle visite du gymnase dont un employé fait manœuvrer les appareils pendant que le docteur m'en explique le mécanisme, nous pénétrons dans la salle des trophées, toute débordante de bannières, de coupes, de médailles conquises sur les divers collèges. Il y a aussi le portrait des athlètes avec les dates de leurs victoires! Mais comme c'est réglementé, tout cela! ces jeux sont entre les mains de *directeurs* qui les organisent despotiquement;…. on dirait une écurie de course; il y a l'éleveur qui passe les belles bêtes à l'entraîneur.

Du jour où les Américains se sont adonnés aux jeux anglais, ils y ont apporté cette ardeur excessive qui les caractérise et l'exagération s'est produite aussitôt. Pour l'équipe de joueurs qui, à telle date, doit lutter contre telle autre équipe en présence d'une foule immense et enthousiaste, il n'y a pas de sacrifices qu'il ne faille accepter; tout est organisé en vue de l'entraînement de ces hommes sur lesquels New York, Albany, Boston, etc., vont placer des sommes fabuleuses; les autres étudiants sont mis dehors; on les renvoie du champ de *foot-ball*, on les renvoie du *boat-house* ; ils gêneraient les champions. C'est alors que se développèrent les gymnases : on les établit en manière de compensation pour ceux qui ne peuvent prétendre à soutenir l'honneur de leur université dans un des tournois athlétiques ; et en même temps on s'en servit pour fortifier systématiquement et former d'une manière irréprochable les corps des champions. Ce travail de gymnastique et ces examens périodiques ne sont pas encore obligatoires ici ; ils le sont dans un grand nombre d'autres universités.

En sortant, ce soir-là, du *Hemenway Gymnasium*, mes idées étaient très confuses. J'avais vu, certainement, des choses curieuses et intéressantes ; j'en avais vu d'autres fort ridicules. Mais l'idée finale, le total de mes bonnes et de mes mauvaises impressions, soustraites les unes des autres, je ne l'obtenais pas.

A présent, je sais bien à quoi m'en tenir et mon jugement est net et précis. Tout cela, ce n'est pas de l'éducation, c'est de l'élevage !

IV

Le dimanche, à Boston, est silencieux et reposant comme à Londres. Les repas sont simplifiés, les chevaux restent à l'écurie; je pense que les *bars* s'ouvrent aussi par derrière; néanmoins on ne s'ennuie pas autant. Il y a le St Botolph qui donne des quatuors dans l'après-midi. Il y a aussi le temple spirite dont les meetings sont éminemment joyeux : la bâtisse est immense; au fond d'une salle remplie de fauteuils rembourrés, un orgue se dresse rayonnant; les fenêtres sont teintées de rouge et de rose; des reflets d'autre monde se jouent sur les visages ; des figures d'esprits apparaissent dans les fresques indistinctes; trois douairières sommeillent doucement; un vieux monsieur ricane avec son voisin. Quelques femmes en deuil écoutent avec une expression d'angoisse ; on leur a dit qu'elles peuvent revoir ceux qu'elles ont perdus et elles viennent là avec un peu d'anxiété mêlée de honte.... D'abord un ténor ténébreux, les sourcils froncés, l'œil au loin, chante une romance ; puis une brave petite femme en robe de laine grise, avec une broche sur un nœud de ruban rouge, se met à parler ; elle est commune, laide et endormante. Toute la semaine elle vend des épices et, le dimanche, se livre à un esprit qui parle par sa bouche. L'esprit dit des bêtises et rien d'envolant.... Par les vitraux roses et rouges on voit l'*Athletic Club* de l'autre côté de la rue : à droite, on endurcit les corps ; à gauche, on affaiblit les intelligences.

V

Cet *Athletic Club* de Boston fait pâlir celui de New York. On vient de l'achever et véritablement l'architecte a fait preuve d'un grand talent. Les salons, le gymnase, la salle de paume sont incomparables. Que dire de la piscine? Par trois grandes baies elle communique avec une espèce de salle très particulière; des tapis traînent sur le pavé, dans la cheminée un bon feu pétille, et sur les canapés de paille et de bambou des nageurs lisent le journal entre deux plongeons. A côté se trouve le bain turc, avec sa rotonde émaillée et ses portières à couleurs vives.

VI

Quand j'ai deux ou trois heures devant moi, je prends le tramway électrique qui mène à Cambridge et je m'en viens dévisager les étudiants, faire causer ceux que je connais, observer leurs allures et leurs regards. Quand il s'agit d'enfants âgés de quatorze, quinze et même seize ans et que vous voulez savoir comment ils sont élevés, c'est très simple : regardez-les jouer, écoutez-les parler à leurs maîtres et enquérez-vous comment ils se lavent ; ce triple critérium est encore le meilleur que je connaisse ; il ne trompe guère. Mais pour des hommes de l'âge de ceux-ci il faut plus de détails et de plus amples observations.

Le quinconce ombragé est le centre de la vie universitaire ; de là on voit presque tous les

« dormitories »; par les fenêtres ouvertes s'échappent des plaintes de pianos martyrisés et mes souvenirs s'envolent vers les « quadrangles » d'Oxford et de Cambridge; comme la liberté est plus grande ici! Quand viendra la nuit, des portiers revêches ne guetteront pas les retardataires et les lourdes grilles n'enfermeront pas les étudiants jusqu'à demain matin. Qui s'inquiète d'eux? On ne les connaît guère; à peine se connaissent-ils les uns les autres, de groupe à groupe.

Hier j'ai déjeuné dans un *eating club*; les convives, peu nombreux, ne se ressemblaient pas; il y en avait des blonds et des bruns, des secs et des ondoyants, des élégants et des débraillés; l'un de mes voisins rêvait une existence de travail et d'agitation, l'autre de la paix, des grands arbres et un *rocking chair*; autrement dit, le premier voulait monter des escaliers et le second flâner sur les paliers....

Un de mes ami, sorti d'Harvard depuis deux ans déjà, m'a fait des révélations sur les sommes qu'il y a dépensées; il appartenait à ce tout petit noyau d'aristocrates qui ne savent pas bien sur quoi appuyer leurs prétentions nobiliaires et les affirment par un exclusivisme féroce; si vous ne pouvez vous rattacher à quelque pair d'Angleterre, et étaler sur vos voitures un bout d'écusson, jetez du moins l'argent par les fenêtres; ne comptez pas sans cela pénétrer dans leur cercle. Il n'est pas intéressant d'ailleurs, leur cercle! On y accomplit mille excentricités, on y fait mille sottises pour s'imposer par un côté quelconque à un peuple qui n'a pas d'aristocratie et saisit à peine la signification de ce mot. A Boston, cela prend encore un peu; mais au delà il n'y a rien à espérer. Les jeunes messieurs, obligés de céder à l'opinion publique, se font alors avocats pour rire, afin de se donner une contenance dans le monde.

Harvard me semble un chaos, une imitation confuse et un peu maladroite des universités anglaises; ce n'est vraiment américain ni d'atmosphère ni de tendances; il y a des forces vives perdues dans cette masse tournoyante où ne se forme aucun courant. Bref, l'Université est l'image de la Nouvelle-Angleterre : un pays qui n'est pas sans analogie avec la France du début de Louis XVI. C'est une fin de période avec ses incertitudes, ses inconséquences, ses mièvreries…. On se relève de ces états-là, surtout en Amérique; ce ne sont souvent que des transitions; mais qui cherche aujourd'hui les États-Unis dans la Nouvelle-Angleterre est exposé à s'en retourner en Europe sans avoir rien compris!...

Après le déjeuner, nous sommes allés inscrire nos noms sur le registre du *Hasty Pudding Club*; cette société tire son qualificatif étrange d'un pudding compact qu'il s'agit d'avaler en quelques secondes; on y donne des représentations, on y pratique la caricature avec beaucoup d'entrain et non sans talent. Ensuite nous avons rencontré l'aimable professeur Cohn, qui enseigne la littérature française et la fait aimer. Je l'accable de questions de toute nature et il y répond avec une complaisance extrême; il attire mon attention sur cette absence de *base* dans les études américaines; on sait pas mal de choses, on a de l'ardeur pour apprendre, mais il n'y a pas d'*humanités* pour soutenir l'édifice. Ceux qui les poursuivent chez nous de leur haine et de leurs sarcasmes devraient venir ici se rendre compte du vide qu'elles laissent derrière elles.... Les collèges fondés sur le plan de celui de Lawrenceville porteront remède à cet état de choses.

VII

Match de foot-ball entre Harvard et Dartmouth, une petite université voisine.... Le *foot-ball* transformé par les Américains est devenu un peu plus scientifique peut-être, mais plus brutal aussi et plus dangereux. Les spectateurs sont nombreux et applaudissent bruyamment. Le soir, nous allons dîner à l'*Algonquin Club*, de Boston. C'est le plus bel édifice de ce genre que j'aie encore vu; la salle à manger, sombre et haute, avec sa cheminée de marbre dont les trois foyers sont réunis par de doubles chenêts en fer forgé, est une œuvre exquise; le vestibule est tout de pierre blanche avec une cheminée moyen âge; une statue dans l'angle représente un chef algonquin lançant une flèche.... Son rire muet et son regard sauvage accueillent les *gentlemen* qui vont dîner !... Voilà donc tout ce qui reste de cette puissante tribu : un club !

VIII

Sous la coupole dorée de la State House, il y a une salle voûtée et ornée de colonnes ; c'est là que sont conservés précieusement les drapeaux déchirés et ensanglantés sous lesquels les régiments de volontaires du Massachusetts ont combattu de 1863 à 1867. Ils sont en grand nombre, pressés les uns contre les autres, entourant les statues des grands patriotes et surmontés de l'aigle, emblème de la *république impériale*. Quand ils vinrent prendre cette place glorieuse, le gouverneur d'alors prononça un de ces discours que le cœur dicte plus que la pensée et qui forcent les larmes à monter dans les yeux. La péroraison de cet incomparable morceau d'éloquence est encadrée au pied des drapeaux. Je la traduis ici parce qu'elle fait connaître et comprendre un des côtés les plus nobles et le plus souvent méconnus du caractère américain. « Les voici donc, ces étendards, symboles de la nation, qui descendirent un à un les marches de ce capitole pour aller combattre, durant quatre années de guerre civile!... Les voici revenus, portés par les survivants de ces héroïques phalanges auxquelles le gouvernement de la *Commonwealth* [1] les avait confiés. Fiers souvenirs de tant de champs de bataille, tristes souvenirs d'une lutte fratricide, — doux souvenirs de nos pères, de nos frères et de nos fils dont les yeux se sont éteints en regardant une dernière fois leurs plis enflammés, — souvenirs grandioses de vertus antiques que la douleur a rendus sublimes, — souvenirs triomphals de la triple victoire du pays, de l'Union et de la justice, — souvenirs joyeux d'un résultat qu'aucune autre guerre n'obtint jamais : la délivrance de l'humanité [2], — souvenirs immortels d'honneur et de gloire, — qu'ils demeurent avec nous maintenant ; nous aimerons leurs hampes déjetées, leur trame usée et les marques de leur baptême sanglant. »

1. Le titre de Commonwealth appartient officiellement à cinq des États de l'Union.
2. Allusion à l'abolition de l'esclavage.

IX

Ce matin j'ai visité le *Boston College* qui appartient aux jésuites : 300 élèves, tous externes ; on ajoute des bâtiments qui permettront d'en porter le nombre à 500 ; vieille éducation classique et usage de la langue latine pour demander à sortir de classe ou à ouvrir son pupitre. En dehors de cela tout est plutôt moderne. Les Pères ne s'occupent pas des jeux, mais ils ne les dénigrent nullement ; il y a un tennis et un gymnase pour les courts instants de récréation que les enfants passent au collège entre 9 heures du matin et 2 heures de l'après-midi ; ils retournent alors chez eux avec leurs devoirs à faire ; au rez-de-chaussée, j'aperçois, derrière son comptoir, une marchande !... elle leur vend, à des prix strictement contrôlés, du pain, de la viande, de la bière, du chocolat pour le lunch !

De là je me suis rendu aux *Boston Latin et English High Schools*. J'ai déjà parlé des « High Schools »; celui-ci est un des plus anciens et des plus considérables et il est annexé à une autre école, dont le but est de préparer les jeunes gens à entrer dans les universités et à profiter de l'instruction supérieure qu'on y reçoit.

Le « Public latin School » de Boston, qui renferme aujourd'hui 467 élèves, divisés en 6 classes correspondant à 6 années de travail, est un externat, et pour y pénétrer il faut passer un examen ou produire un certificat délivré par un *Grammar School*[1]. Harvard n'existait pas encore et Boston, en tant que cité, était âgée de cinq ans quand cette école, aristocratique par son but, démocratique par sa base, fut fondée. On était en l'an de grâce 1635; Ferdinand II régnait de nom en Allemagne, l'infortuné Charles Ier régnait de droit en Angleterre et Richelieu régnait de fait en France. Les écoliers recon-

---

1. Écoles occupant généralement une place intermédiaire entre les écoles primaires ordinaires et les High Schools; ce terme ne répond pas d'ailleurs à une catégorie bien déterminée.

naîtront cette date comme correspondant à la création des Intendants par le grand cardinal et à un changement de *période* dans la guerre de Trente ans; ce n'est pas ici le cas de se demander s'ils savent au juste ce qu'était un intendant et si la guerre de Trente ans a été réellement coupée en tranches comme un plum-cake. Revenons plutôt au révérend Cotton, qui fut selon toute probabilité le fondateur de l'École latine de Boston. Dès sa naissance elle fut gratuite; la ville la subventionnait et on croit qu'elle touchait aussi les revenus de quelques domaines situés dans les environs.

Le 19 avril 1775, Master Lowell, qui dirigeait l'École, monta dans sa chaire et prononça ces simples paroles : « La guerre est commencée; je ferme la boutique »…, puis, saisi d'un remords, il ajouta dans la langue de Cicéron : « *Deponite libros* ». Après quoi, ce royaliste farouche partit pour Halifax emmenant prisonnier son fils, qui l'assistait dans sa tâche et dont les tendances révolutionnaires l'inquiétaient. Quelques mois s'écoulèrent; un nouveau maître fut installé et depuis lors l'École a fonctionné régulièrement et n'a cessé de croître en importance. On y fait du latin dès la première année, du grec pendant les trois dernières seulement; on y enseigne de plus l'histoire et la géographie, le français, la littérature anglaise et un peu de sciences mathématiques et physiques.

Adossée à l'École latine et communiquant avec elle par une galerie intérieure se trouve la « English High School ». Elle fut fondée le 15 janvier 1821. Elle n'est gratuite que pour les habitants de Boston. Elle prépare directement à l'Institut de technologie et à différentes institutions du même genre. Les sciences et les langues étrangères figurent largement au programme. Le cours est de quatre années et le total des élèves de 760.

Avant de m'en aller, j'assiste à une séance de déclamation et à la parade militaire. La séance a lieu dans un grand amphithéâtre rempli de monde. Les élèves déclament mal, mais on les sent rompus à ce genre d'exercice; ils font des gestes et leur voix arrive claire et nette jusqu'aux extrémités de la salle. La timidité est vaincue et ils ne redouteront jamais de parler en public; les petits Français n'en peuvent dire autant. La parade a lieu dans le gymnase et n'offre aucune particularité digne d'être signalée ; elle me confirme une fois de plus dans ma conviction que pour des enfants l'exercice militaire est inutile ou nuisible. S'ils n'y prennent pas intérêt, s'ils esquissent les mouvements, s'ils éludent les efforts, c'est du temps perdu ; si au contraire ils ont l'esprit tendu, s'ils s'appliquent à bien faire, s'ils guettent les ordres pour les exécuter énergiquement, leur cerveau travaille plus que leur corps et il en résulte cette fatigue nerveuse qui ne procure ni la santé physique ni le repos intellectuel.

X

Dans les eaux pures d'un lac cerclé de verdure et de collines se mire le collège de Wellesley; et sur ce lac canotent joyeusement les aimables étudiantes qui habitent ce séjour enchanteur. J'ai acheté à Boston (Wellesley en est tout proche) une photographie qui les représente en gai costume blanc, l'aviron à la main, montant des yoles de bois vernis et ayant l'air de parfaites équipières. Dans le lointain, on aperçoit le collège dressant pittoresquement ses pignons et ses clochers au milieu du plus beau parc qui se puisse imaginer. Par un bel après-midi d'octobre nous gravissions, mon ami et moi, l'allée ombragée qui mène au bâtiment principal; toutes ces jeunes filles que nous croisions à chaque instant nous gênaient un peu et nous ne les gênions pas du tout. Les unes allaient se promener, les autres travailler. Elles passaient le parasol sur l'épaule ou la serviette sous le bras et ces dernières, je dois le dire, n'avaient point l'air de doctoresses; impossible d'être plus simples et de faire plus gentiment des choses excentriques.

Miss Shafer, la présidente, nous reçut dans un joli salon et envoya chercher trois de nos compatriotes qui enseignent la langue française aux 628 étudiantes que renferme le collège. Un monde! ce Wellesley. Les portes s'ouvrent les unes après les autres et des bibliothèques, des salles de lecture apparaissent ; de beaux marbres et des plantes vertes ornent les corridors ; dans les combles, trois jeunes filles jettent les bases d'une nouvelle association dont la raison d'être n'est pas encore bien clairement définie. Dans l'ascenseur nous entamons une conversation intéressante avec deux autres de ces demoiselles. Quelle diversité dans leur mise, dans leur expression, dans leur démarche ! Il y a des petits bérets crânes et des mantilles langoureuses ; l'une paraît insouciante et l'autre altérée de savoir ; celle-ci semble chercher une rime et celle-là courir après une équation!...

La présidente a dit dans son rapport de fin d'année que l'esprit était excellent, que les étudiantes justifiaient de mieux en mieux l'indépendance qu'on leur reconnaissait, qu'elles s'entr'aidaient loyalement et facilitaient de leur mieux sa propre tâche; elle a ajouté que plusieurs s'étaient converties au christianisme qui auparavant ne croyaient pas ou ne pratiquaient pas leur religion;... et notez que le collège est *unsectarian*, c'est-à-dire ne dépendant d'aucun culte. On trouve le même phénomène partout en Amérique et cela montre bien que le sentiment religieux, sinon la religion elle-même, est inséparable de l'éducation.

Wellesley fut fondé en 1875; la pension y coûte à peu près 1 750 francs. Les étudiantes vivent soit dans l'un des deux *halls* qui en contiennent 438, soit dans les différents *cottages* qui en contiennent chacun de 20 à 40. Ce qu'on leur apprend?... à peu près tout. Il est bien possible, ma foi! que les sciences dites ardues et pratiques soient d'excellents moyens de former des intelligences féminines; mais cette vie commune, cette liberté d'allures, ce *self-government* n'enlèvent-ils pas à la femme quelque chose de son charme, ne la privent-ils pas de quelque chose qui lui est nécessaire dans la vie?... et si on lui met de la sorte du plomb dans la tête, ne lui en met-on pas dans l'aile en même temps? *adhuc sub judice lis est*, et la réponse est difficile à prévoir.

Il y a aussi un gymnase à Wellesley et on y examine les jeunes filles comme à Harvard; la directrice du gymnase est une élève du Dr Sargent.... Voilà tout ce que j'en sais, naturellement! Mais transporté dans le domaine féminin, l'*élevage* systématique semble plus odieux et plus ridicule encore.... Que vont dire, si jamais ces lignes tombent sous leurs yeux, les aimables Françaises qui nous ont promenés ce jour-là? N'aurai-je que des critiques pour leur beau collège? En tout cas il y a une chose qui n'est guère critiquable, c'est la parfaite et charmante hospitalité qu'on y reçoit.

Au retour, dans le wagon, je parcours quelques exemplaires du journal hebdomadaire publié par ces demoiselles; à la quatrième page, j'y trouve l'annonce du mariage d'une ancienne élève de la « promotion de 88 »; et m'étant endormi, je vois en rêve, dans le monde régénéré, deux étudiantes qui se battent en duel!

XI

Les Y. M. C. A. jouissent en Amérique de la plus étonnante prospérité; il y en a partout. M. Mac-Lane, ministre des États-Unis à Paris, évaluait l'an dernier à 175 000 le nombre des jeunes gens qui fréquentent les 1 240 bâtiments qu'elles possèdent : 135 de ces bâtiments représentent une valeur de 35 millions de francs; celui de New York, don de M. Vanderbilt, a coûté 915 000 francs. Leur nom est *Young Men Christian Associations* : Unions chrétiennes de jeunes gens; mais on les désigne communément, même dans la conversation, par les quatre lettres Y. M. C. A. — Elles ne sont pas bien anciennes et leur développement n'en est que plus prodigieux. Celle de Boston fut fondée la première en 1852. Je l'ai visitée à cinq heures et demie du soir, à l'heure où l'activité y règne.... En effet, les pianos chantaient, un cours d'allemand et un cours de sténographie étaient en train ; on s'essoufflait dans le gymnase, on lisait dans le salon de lecture, on causait dans le hall ; tout cela pour 2 dollars (10 francs) par an. Ajoutez-y des concerts, des conférences, une bibliothèque, un comité pour visiter et soigner les malades, un bureau de placement et mille autres institutions délicatement ingénieuses ; bien entendu, ce ne sont pas les 2 dollars de cotisation qui suffisent à couvrir de telles dépenses. Mais qui ne voudrait donner pour une œuvre aussi simple et aussi utile ? L'argent vient de partout et l'œuvre ne cesse de grandir. Dans toutes ces Unions il y a une cheville ouvrière : c'est le secrétaire général, qui doit être à la fois un bon administrateur et un homme de zèle et d'action. Pour former ces secrétaires généraux les Unions ont une école à Spingfield ; c'est de là que sortent aussi les directeurs de gymnases, car presque partout les Unions possèdent de grands et beaux gymnases.... Il paraît que cette œuvre franchement chrétienne et dirigée par des protestants, mais ouverte à tous et n'exigeant de ses membres aucune profession de foi religieuse, amène peu de conversions; et on part de là pour blâmer ses tendances et démontrer son inutilité. Tous ceux pourtant qu'elle a secourus, égayés, distraits, soutenus et instruits lui gardent une éternelle reconnaissance; et le petit employé de commerce, devenu riche, n'a garde de l'oublier dans ses générosités.

XII

Il y a, le long de la rivière Charles, un gymnase populaire entouré d'une grille; les bancs et les cordages sont en plein air, l'entrée est gratuite, mais il faut passer par une manière de tourniquet devant un gardien qui vous observe.... Une fois dans l'enceinte, vous vous exercez à votre guise et les badauds sont là, appuyés contre la balustrade, à regarder les uns qui se font des muscles et les autres qui dépensent le trop-plein de leurs forces. Autour des appareils, il y a une piste pour les coureurs.

XIII

Je viens de passer vingt heures à Lenox, localité à la mode, située à quatre heures de Boston; il y a là des montagnes assez pittoresques, beaucoup de jolies promenades et les gens riches y ont des villas. Le moindre petit bout de terrain se vend fort cher et encore ce n'est pas tout de s'y installer; il faut se faire *admettre*. Les braves Américains s'y donnent le petit plaisir de faire joujou avec les coutumes aristocratiques; ils s'enquièrent gravement de l'ascendance des nouveaux venus et de leurs parentés, et potinent pour décider s'il convient ou non de les recevoir; ces prétentions détonnent si complètement en Amérique qu'on ne peut s'empêcher d'en rire. En effet, vous trouvez dans les meilleures familles une ignorance presque absolue relativement à l'origine; on connaît ses parents, on sait à peu près ce qu'étaient ses grands-parents, le reste est dans la nuée. N'empêche que les gens de Lenox se prennent au sérieux; que de voyageurs jugent l'Amérique d'après Lenox ou l'Angleterre d'après la Chambre des pairs!

De là j'ai gagné la petite ville d'Amherst, où habite le père de l'Anthropométrie scolaire, le vénérable Dr Hitchcock. L'université d'Amherst fut fondée en 1821 et 47 étudiants se présentèrent le jour de l'ouverture des cours; ils sont maintenant 360. Le conseil d'administration comprend 10 laïques et 7 ecclésiastiques; le droit de combler les vides que la mort ou les démissions font dans le conseil appartient aux anciens élèves. Cette immixtion des anciens élèves dans le gouvernement universitaire n'est pas une des moindres particularités du système américain; pour ma part, j'y vois de nombreux avantages : les Universités sont de la sorte solidement appuyées et défendues; la routine ne peut s'y installer, l'émulation est entretenue. Enfin au point de vue social que ne gagne-t-on pas à faire partie d'un groupe dont les membres peuvent ainsi marcher dans la vie en se soutenant les uns les autres? Amherst a été plus loin encore dans cette voie, en associant au gouvernement les élèves eux-mêmes. La Faculté partage le pouvoir avec un Sénat composé de 4 *seniors*, 3 *juniors*, 2 *sophomores* et 1 *freshman*, délégués par leurs promotions respectives. C'est devant ces jeunes sénateurs qu'est portée toute question intéressant « le bon ordre et le décorum ». Ils la tranchent à leur guise et la signature du président rend leurs décisions exécutoires. Ce système, depuis qu'il est en usage, a pleinement satisfait ses inventeurs.

Les 360 étudiants appartiennent presque tous au Massachusetts et aux États voisins; quelques-uns viennent de l'Ouest; 5 sont étrangers; le Sud n'est représenté que par deux Virginiens. J'apprends ces choses en déboulinant dans une voiture imperceptible le long d'un chemin casse-cou qui descend dans la plaine, car Amherst est situé sur une colline que ses bâtiments élancés couronnent à ravir; c'est aujourd'hui fête athlétique : on court, on saute, on gagne des prix; c'est le *Fall Meeting*, la réunion d'automne. Mais le bon Dr Hitchcock, on le voit, a bien moins de sympathie pour ces sports-là que pour les jolis exercices de bras et de jambes que l'on accomplit quatre fois par semaine dans son gymnase, aux sons du piano,... car il est de ceux qui *croient* à la musique. Les professeurs de gymnastique, aux États-Unis, croient ou ne croient pas à la musique. Dans le premier cas, ils se réjouissent de voir leurs élèves onduler comme des pantins selon la mélodie et d'entendre, à l'accord final, le *flac* de tous les talons qui retombent à terre. Le Dr Hitchcock est l'incarnation de la bonne humeur et de la bonne santé; sa foi profonde en son système achève de rendre sa personne sympathique. C'est maintenant un vieillard; il est arrivé à ses fins : il a persuadé à de nombreux disciples qu'un corps d'homme se « construit » comme une maison, que la gymnastique raisonnée et réglementée est le remède universel contre toutes les maladies, et qu'il faut se faire mesurer tous les quinze jours pour « se connaître soi-même ». Quant au rôle moral de l'athlétisme, on ne peut dire qu'il le méconnaisse; il ne s'en doute pas. Aussi, quel parfum matérialiste s'échappe des brochures qu'il m a remises! En vain le nom de Dieu vient-il s'y promener çà et là sans motifs; l'impression qui s'en dégage est celle d'un idéal faussé, d'une éducation terre à terre, d'un matérialisme inconscient, mais complet.

Le programme des cours n'offre ici aucune particularité : d'un côté les lettres, de l'autre les sciences, avec un trait d'union entre les deux, de façon que les forts en thème sachent au moins faire une addition et que les chiffreurs ne prennent pas Régulus pour un entrepreneur de travaux publics; ces programmes sont assez complets, bien rédigés, et les étudiants d'Amherst paraissent de bons travailleurs. Ils ont peu de distractions; la ville est petite et ses rues à peine amorcées se perdent vite dans la campagne.

A l'hôtel, nous sommes servis à table par ces femmes que Max O'Rell a si spirituellement appelées des « duchesses », avec cette différence qu'il n'y a pas de par le monde de duchesses aussi hautaines, aussi malhonnêtes et aussi parfaitement insupportables. Leur brusquerie, leur air dégoûté, leurs regards insolents et leurs moqueries incessantes font de ces servantes américaines un véritable cauchemar pour le voyageur lorsque, quittant les grandes cités, il s'aventure dans les bourgades du genre de celle-ci; il appelle alors de tous ses vœux le jour où la science moderne permettra de remplacer les duchesses par un fluide silencieux et obéissant.

XIV

Nous sommes partis de bon matin; le Dr Hitchcock est venu me chercher pour me faire assister au service quotidien à la chapelle, lequel comprend une prière et un cantique. J'ai dû renoncer à déjeuner et mal m'en a pris : le train nous a déposés à onze heures dans un village du nom de Oakdale qui ne produit que des gâteaux au gingembre; il me fallut en grignoter pendant deux heures pour tromper ma faim, en attendant le moment de repartir pour Groton. A la gare de Groton, le Dr Peabody nous emmena et quinze minutes après nous descendions devant le perron de son école.

Elle est toute neuve et assise dans l'herbe, sur un plateau élevé où l'air se promène librement. Le bâtiment principal, tout couvert de plantes grimpantes, les dépendances disséminées à l'entour, le champ de jeu et un bel horizon de plaines et de collines s'alternant gracieusement composent un tableau absolument scolaire, au sens libéral et champêtre du mot. Dans quelques années, d'autres bâtiments auront surgi et l'école contiendra environ 200 élèves; aujourd'hui, elle n'en a que 50. Leurs maîtres passeraient facilement pour leurs frères aînés; ils jouent au *foot-ball* avec une ardeur juvénile, tous ensemble, et rien ne peut dire l'impression de jeunesse qui s'échappe de ce milieu. Le *head master* lui-même n'a pas dépassé la trentaine; c'est un clergyman et un athlète tout à la fois, la vraie incarnation des préceptes du grand Arnold; on sent en lui la passion des choses grandes et nobles, l'instinct de l'éducateur, alliés à ce sens pratique, à cette netteté de raisonnement sans lesquels l'homme le plus ardent et le mieux intentionné n'est qu'un être incomplet.

Ayant vécu en Angleterre et fréquenté les écoles anglaises, il rêvait de fonder dans son pays une de ces fabriques d'hommes dont il avait admiré là-bas le mécanisme et l'organisation. Il y rêvait en songeant à cette grande lacune dans l'éducation américaine, à cette absence de trait d'union entre les écoles primaires et les universités, à ces « High Schools » qui sont des externats où se forment l'intelligence et un peu le corps, mais à coup sûr ni la volonté ni le caractère. Quand son parti fut pris, il ne lambina pas et se mit à l'œuvre aussitôt. Il est vrai que les choses sont simplifiées en Amérique. Le D{^{r}} Peabody écrivit des lettres, beaucoup de lettres, pour dire aux gens riches que, décidé à fonder une école, il venait leur offrir l'occasion de s'honorer grandement en attachant leurs noms à une fondation importante et utile. C'est bien ainsi qu'ils le comprirent. Avant même d'écrire la première lettre il avait déjà 75 000 francs recueillis les trois premiers jours, en se promenant dans Boston. « Tu sais, je fonde une école, disait-il aux amis qu'il rencontrait. — Je te donne 6, 8, 10 000 dollars », répondaient ceux-ci, parfaitement convaincus, il est vrai, qu'une œuvre entreprise par le D{^{r}} Peabody devait forcément tourner à bien. Des parents et d'autres amis lui donnèrent le terrain et les constructions s'élevèrent

Quant aux élèves, on en inscrivit avant que la première pierre fût posée. Maintenant on se préoccupe de bâtir de nouveau; il faut un million. Les administrateurs font souscrire par 5 000 dollars (25 000 francs) et chaque souscripteur aura le droit de faire admettre un enfant sans avoir à « prendre la file ».

Tout candidat doit avoir plus de douze ans et moins de quatorze; il passe un examen d'entrée et ses parents versent 3 000 francs par an. Le régime est tout anglais : vie de famille; liberté, jeux athlétiques. Au point de vue religieux, l'école est épiscopalienne, c'est-à-dire anglicane. Les élèves ont de la confiance et du bonheur plein les yeux, et le docteur les enveloppe d'un regard observateur et aimant qui ne laisse aucun doute sur les liens qui les unissent: la paix sociale règne dans cette fabrique-là.

XV

Il est midi; les élèves jouent sur les pelouses; nous descendons vers la rivière pour une promenade en bateau; le garage est ouvert; on sort des « canoes » canadiens en écorce d'arbre et le docteur, vêtu de flanelle blanche, se met à pagayer d'une main sûre, tout en devisant sur les graves problèmes de la pédagogie moderne.... Dans les eaux froides et limpides se reflète un paysage étrange.

XVI

Arbres jaunes, arbustes rouges,... teintes d'automne, saison des poitrinaires, où le sang se traîne dans les veines, où la sève redescend dans les plantes, où tout s'incline vers la tombe, où les malades font des rêves d'agonie, où le soleil devient anémique, où le jour est pâle, où les fleurs elles-mêmes semblent malsaines. Saison triste et mélancolique, où les souvenirs et les regrets font monter des larmes dans les yeux, où le vent d'hiver s'exerce à souffler, où les feuilles détachées parsèment la surface des étangs, où les fils blancs tombent du ciel comme pour tisser un linceul,... et cela s'accroît, se précipite chaque jour; la nature a des soubresauts de vie qui se retire, et chaque jour les paysages se font plus tristes, plus vides, plus remplis d'ombres.....

Jusqu'au moment où l'hiver s'appesantit en maître sur les plaines et les collines et où, seul debout, seul vivant, seul vigoureux sur la terre qui semble morte, l'homme a plus que jamais la conscience de sa force et l'orgueil de sa royauté.

CANADA BRITANNIQUE

ET

CANADA FRANÇAIS

1

Montréal est en quelque sorte le terrain de transition où les Anglais et les Français se rencontrent sans se mêler. Les deux races ont imprimé à la ville un peu de leur cachet distinctif et en plus le voisinage des États-Unis lui a donné quelque chose de yankee, d'inachevé par conséquent et de fiévreux. Du haut du Mont Royal, transformé maintenant en un parc splendide, nous contemplons le panorama qui s'étend à nos pieds. Sur l'immense Saint-Laurent, le fameux pont Victoria semble un fil tendu; au delà reprend la plaine semée de villages. Le long du fleuve, la ville est assise; des lignes d'arbres séparent les maisons et dessinent les avenues ; d'innombrables clochers surgissent de tous côtés, églises, couvents, séminaires, qui vont s'enrichissant toujours et constituent l'un des dangers de l'avenir. Cette formidable puissance financière correspond, cela va sans le dire, à un despotisme moral plus grand encore. Les Canadiens-Français sont les humbles esclaves de leur clergé et de leurs congrégations, et s'il est juste de dire que le clergé et les congrégations sont à l'abri de toute attaque en ce qui concerne les mœurs et la vénalité, il est également juste d'ajouter qu'ils dirigent la politique assez mal et qu'ils enchaînent les esprits en prétendant les guider. Leur domination pèse lourdement sur une partie de la population que les travaux de la terre ne suffisent plus à charmer, et qui prendrait volontiers sa part du mouvement littéraire et scientifique universel. Cette issue lui est fermée et c'est alors vers l'activité commerciale et financière qu'elle se tourne. On fait des affaires, au Canada, ou plutôt l'on rêve d'en faire, car l'on n'y parvient guère; c'est là le débouché de l'intelligence et les Canadiens sont bel et bien des coureurs de dollars. Leur littérature est en enfance, leur presse est incolore; mais ils savent calculer, supputer, escompter à la façon du paysan normand, dont ils ont les instincts aussi bien que l'accent.

II

Leur bon sens et leur persévérance — deux qualités maîtresses chez eux — leur ont servi jadis à se défendre contre l'envahisseur, et quand on compare leur puissance numérique d'aujourd'hui avec ce qu'ils étaient au lendemain de la cession du Canada à l'Angleterre, quand on se souvient de la manière dont ils furent traités, des cruautés exercées contre eux, des injustices qu'ils eurent à subir, on ne peut qu'admirer le résultat obtenu par eux après une lutte faite d'habileté, de patience et d'entêtement. Ils surent merveilleusement utiliser les moindres concessions, profiter des circonstances les plus insignifiantes, gagner du terrain par tous les moyens possibles. Deux fois, dans les mauvais jours, les États-Unis vinrent à eux pour les conquérir et les émanciper; et deux fois ils s'unirent à leurs persécuteurs pour repousser cette émancipation qu'ils jugeaient dangereuse autant qu'attrayante. On chercherait vainement dans l'histoire du monde un second exemple d'un esprit politique aussi remarquable. A présent, ils jouissent d'une entière liberté; le gouvernement fédéral, infiniment mieux compris et mieux constitué qu'il ne l'est aux États-Unis, répand sur eux ses bienfaits. Aidés par la fécondité extrême de leur race et par les conseils intelligents d'un homme qui a entrepris une œuvre de colonisation — le fameux curé Labelle, — ils se répandent au nord et à l'ouest dans des territoires réputés inhabitables qui se fertilisent rapidement entre leurs mains; un avenir prospère leur semble réservé; tout serait pour le mieux s'ils ne se trouvaient pas dans un état de notoire infériorité relativement à ce qu'il y a de plus important dans la vie des peuples modernes : l'éducation.

Il ne faudrait pas en conclure que l'instruction fût négligée dans les écoles; les écoles commerciales notamment sont bien organisées et le soin qu'on a d'y faire apprendre l'anglais aux enfants assure à ceux-ci plus tard une supériorité sur leurs rivaux britanniques, qui ne peuvent pas — ou ne veulent pas apprendre un mot de français. Mais on donne aux idées un tour forcé, qui dans la suite paralyse leur fécondité, et l'on habitue l'intelligence à se mouvoir dans un cercle étroit d'où ne peut sortir rien de grand ni d'original. Et puis, c'est surtout l'éducation qui manque ; les exercices physiques, les soins de propreté, la formation du caractère, l'usage de la liberté, tout cela pour les Canadiens ce sont des billevesées. A côté d'eux, les jeunes Anglais jouent à des jeux virils, entrent dans la vie active avec de l'initiative et de la volonté,... et le résultat c'est que tous les bénéfices sont pour eux, que toutes les affaires se font autour d'eux, que leurs idées dominent et qu'ils regagnent ainsi, à Montréal même, ce que leur infériorité numérique leur ferait perdre. Le Canadien-Français avec sa robuste santé défriche, peine, ensemence laborieusement. L'Anglais récolte. Jamais peut-être la supériorité de l'éducation anglaise n'est apparue d'une manière plus nette et plus indubitable qu'en présence de cette race aux fortes qualités qui possède tout,... sauf l'initiative et l'indépendance du caractère. Et dans la course au dollar à laquelle les Canadiens-Français ont pris goût, ainsi que je le remarquais plus haut, — ce ne sont pas eux qui arrivent premiers.

III

Au pied du Mont Royal, qui se dresse à pic au-dessus d'elle comme une palissade gigantesque, se trouve l'Université Mac Gill. On voit de la rue une belle avenue plantée d'arbres et un champ de jeu où les équipes de l'Université pratiquent le *foot-ball* selon les règles anglaises, différentes, ainsi que je l'ai dit, des règles américaines. Au delà apparaissent des bâtiments d'architecture très variée : un temple grec, une abside gothique, une longue façade sans ornements et quelques clochetons élancés.

L'Université Mac Gill tire son origine d'une fondation privée; elle est semblable en cela à beaucoup de ses sœurs d'Europe et d'Amérique, et probablement c'est à ce fait qu'elle doit sa prospérité et ses succès. James Mac Gill, son fondateur, était un brave Écossais, né à Glasgow en 1744. Il émigra au Canada et se livra au commerce des fourrures, qui constituait alors la principale richesse du pays. Fixé ensuite à Montréal, il en devint l'un des citoyens les plus en vue. Lors de la guerre contre les États-Unis en 1812, il prit, malgré son grand âge, une part active à la défense et mourut l'année suivante, laissant une somme de 30 000 livres (750 000 francs) destinée à élever un collège devant faire partie de l'Université provinciale.

Ce projet d'Université provinciale gisait sur le tapis depuis dix ans; il était peut-être un peu prématuré si l'on considère que Montréal avait alors 15 000 habitants, qu'une partie de ceux-ci demeuraient encore dans des huttes de bois et qu'en 1813 le mouvement du port se bornait à l'entrée de 9 vaisseaux par an, représentant à peine 1 600 tonnes de marchandises. Mais M. Mac Gill devinait quel rôle l'instruction publique allait jouer dans le xixe siècle et il était pressé d'en assurer le développement au Canada. Le projet fut étouffé grâce « à la vigilance et à l'énergie du clergé catholique », a dit depuis Mgr Langevin, assez aveugle pour ne pas comprendre les heureux résultats qu'il contenait en germe. Les catholiques eussent fondé de leur côté un collège; d'autres encore se seraient élevés peu à peu et l'Université de Montréal serait devenue un foyer de science et de travail, un véritable Oxford colonial.

Il fallut se résigner à élever le collège sans l'Université; une charte royale lui fut octroyée, mais les difficultés financières étaient grandes et l'institution, presque réduite à sa Faculté de médecine, périclita jusqu'au jour où un groupe d'hommes zélés entreprirent de la relever et d'assurer définitivement son existence.

Le gouverneur général du Canada en est le *visitor*. Le conseil des *Directeurs*, lesquels se recrutent eux-mêmes, compose avec les *fellows* et le principal la *corporation*, qui fait les règlements et confère les diplômes. Divers collèges sont affiliés à l'Université. Le Principal n'a pas des pouvoirs aussi étendus que les présidents de Princeton ou d'Harvard. Quant aux étudiants, leur nombre en 1888 était de 793, dont 105 femmes admises à suivre les cours. Il y a quatre facultés pour les *arts*, les sciences appliquées, la médecine et le droit.

IV

Hier, on jouait au *foot-ball* à Mac Gill; aujourd'hui, il y a un *match* sur le terrain de la *Montreal Amateur Athletic Association*, mais les parties de la crosse, ce fameux jeu indien si pittoresque et si entraînant, ont cessé; l'intérêt se reporte vers les *Snow Shoes Clubs*, où l'on se dépêche de tout remettre en état. Bientôt sur les pentes glacées, dans l'air ensoleillé, ou bien la nuit à la lueur des torches, les coureurs circuleront en bandes joyeuses, les pieds armés d'immenses raquettes qui glissent sur la neige; les toboggans descendront avec une vitesse vertigineuse du haut de la montagne, et dans les rues les traîneaux se croiseront innombrables. Puis viendra ce merveilleux carnaval de glace pendant lequel les fêtes se succèdent sans interruption. Un palais transparent, dont les eaux congelées du Saint-Laurent fournissent les matériaux, s'élèvera sur une des places de Montréal et, chaque soir, on l'illuminera avec des flammes du Bengale. Comme ils l'aiment, leur hiver! C'est pour eux l'époque des communications faciles, du bon air pur et des vrais divertissements : les plaisirs de l'été ne sont qu'un pis-aller. La neige et la gelée sont attendues avec impatience même par les vieilles dames que l'âge immobilise, et qui semblent retrouver au contact cuisant de l'hiver canadien un peu de force et de jeunesse.

Les *snow shoes*, mot à mot : « souliers de neige », constituent un moyen de locomotion; le toboggan est une sorte de montagne russe.... La colonie anglaise trouve là matière à satisfaire ses goûts de sport. Des associations se sont constituées; leurs jolis chalets sont accrochés aux flancs du Mont Royal, abrités derrière un repli de terrain, ou dissimulés dans les arbres. Ils comprennent des vestiaires et invariablement une salle de danse, lambrissée de sapin verni, décorée d'étendards et de têtes d'animaux : la danse est ici annexée à tous les sports.

Le *Hunting Club*, qui est en bas dans la ville et sert de rendez-vous pour les chasses à courre, n'a pas seulement un chenil bien rempli, des écuries, un champ de manège et dans la maison de jolies chambres et une piscine : il contient encore une salle de bal dont le parquet repose — ô raffinement! — sur des ressorts de voiture.

Dans toutes ces associations, les quelques Canadiens-Français qui aiment les exercices physiques et le plein air trouvent généralement un accueil très sympathique, mais on n'y parle qu'anglais et tout ce qui est anglais domine.

V

En villégiature, sur les bords du lac Chambly.
La maison est une grosse masse de granit aux murs solides ; un poêle immense ronfle au pied de l'escalier et, quand nous rentrons le soir un peu moulus de nos excursions en *bog board*, le feu, les bougies, la nappe bien blanche, toutes les choses de chaque jour semblent plus brillantes et plus confortables. Je n'ai jamais vu écrit le mot que je viens d'employer, mais la première fois qu'il a frappé mes oreilles je n'ai pas eu le moindre doute relativement à son étymologie : *bog*, fondrière, — et *board*, planche. C'est bien cela : une voiture pour aller dans les fondrières et composée d'une simple planche. Vous voyez la chose d'ici ! Point de ressorts, bien entendu ! On tient comme on peut et le trot

sans étriers n'en saurait donner qu'un lointain avant-goût. Dire que ce n'est pas amusant, ce serait mentir. Au début, les secousses semblent pénibles; à la longue, on s'en fatigue probablement, mais une journée de *bog board* avec un cheval qui file bien, du soleil et du vent, c'est un sport de première classe. Le *bog board* est une voiture d'été. Quand la neige a fondu, elle découvre des routes invraisemblables, que la pluie et la sécheresse transforment tour à tour en océans de boue et en ornières gigantesques; ajoutez-y des quartiers de roches, des cavités insondables, des ruisseaux égarés, des affaissements de terrain et vous aurez une idée des routes canadiennes.

Nous venons de traverser un pont de bois, sorte de galerie vermoulue, et couverte, ornée aux deux extrémités par un portique grec grossièrement taillé. En dessous, il y a des rapides; sur l'autre rive, un village, puis sur une pointe avancée où pousse un maigre gazon, les ruines du fort Chambly se dressent solitaires et grandioses; les souvenirs qu'elles évoquent sont tout français et cela semble un déshonneur ce nom du marquis de Lorne gravé sur une plaque de marbre, qu'on a encastrée dans les bastions le jour de sa visite. Ce fut un beau jour cependant pour l'homme de cœur qui s'est constitué le gardien de ces ruines et a fini, à force de sollicitations, par y intéresser le représentant de la reine. Il n'en serait rien resté sans son intervention patriotique. Dans l'intérieur du fort, il s'est aménagé un logement qui est en train de devenir un véritable musée; puis il a creusé, fouillé la terre, retrouvé des fondations en même temps que, de ses propres mains, il cimentait les pierres effritées. Sa joie, c'est de montrer tout cela aux Français trop rares qui viennent le visiter.

En route, de nouveau, à travers une plaine immense où courent des bestiaux; le bruit des rapides s'est perdu derrière nous. Sur le bord du chemin, quelques maisons dont les cheminées fument; là-bas, un clocher terminé par un potiron comme ceux des églises bavaroises : le potiron est recouvert de fer-blanc et cela brille comme un soleil. Plus loin, nous achetons des pommes à un vrai Normand qui ne veut pas se compromettre en nous disant si l'année a été bonne ou mauvaise : « Pour une année qu'y aurait des *poumes*, y en a point ; mais pour une année qu'y en aurait point, y en a! » — Un petit manoir d'aspect très coquet vient à nous, enchâssé dans un semblant de parc. Le propriétaire est un échappé d'Europe, qui a voulu reproduire ici quelques-unes de nos élégances campagnardes ; mais, à présent, il en a lui-même perdu le goût ; ses corbeilles de fleurs sont envahies par les ronces ; ses allées de gravier sont boueuses et irrégulières ; et l'eau de la petite cascade artificielle a renoncé à couler droit, ses gouttelettes s'en vont chacune de leur côté.

La montagne en pain de sucre que nous apercevions depuis longtemps se laisse enfin approcher : elle est toute seule dans la plaine ; ses bords sont escarpés et, à mi-côte, adossée au rocher, une interminable construction de bois étale ses fenêtres closes, ses promenoirs solitaires et ses balcons déserts. C'est *Iroquois House*, caravansérail d'été où l'on vient de Montréal passer quelques semaines chaque année ; alors le champagne coule, on danse, on rit, on flirte....

VI

Je ne voudrais pas toucher à l'enseignement primaire, ce qui m'entraînerait trop loin, mais seulement dire un mot de la *taxe scolaire*. Les contribuables de la cité de Montréal payent pour l'entretien de leurs écoles une taxe d'un centime par piastre de 5 francs, sur la valeur totale de la propriété foncière. La valeur de la propriété, dans chaque quartier, est établie par deux « cotiseurs », l'un catholique et l'autre protestant. Les propriétés sont réparties en quatre listes distinctes selon qu'elles appartiennent : aux catholiques, aux protestants, conjointement aux uns et aux autres, ou bien à des corporations ou compagnies de commerce; enfin une quatrième liste comprend les propriétés exemptes de taxe. La taxe n° 1 est remise intégralement aux commissaires d'écoles catholiques et la taxe n° 2, aux commissaires d'écoles protestantes; la taxe n° 3 est divisée entre eux proportionnellement aux chiffres de catholiques et de protestants indiqués dans le dernier recensement.

Ce système convient à un pays fédéralisé, où les deux religions forment de gros contingents; certains catholiques des États-Unis désirent le voir appliquer à leur pays, où la taxe scolaire s'étend également sur les protestants et les catholiques et sert à soutenir des écoles « unsectarian » en principe, mais restées protestantes en fait, car on y lit la Bible régulièrement. Peut-être donnerait-il de bons résultats aux États-Unis comme au Canada : en tout cas, il ne saurait être applicable chez nous.

VII

Les élèves du collège de Montréal sortaient en promenade au moment où notre « calèche » s'arrêtait devant le perron. Ils portaient d'atroces redingotes râpées et une ceinture de serge verte enroulée autour de la taille. Rien ne peut rendre l'air piteux et incomplet que leur donnait ce costume; on eût dit un cortège de ratés. L'intérieur du collège me parut assez en rapport avec les êtres qu'il renferme; la propreté la plus élémentaire en est absente; dans les dortoirs, quatre rangées de lits à peine espacés et des cuvettes microscopiques mises là, comme à regret, par une concession maussade aux idées du jour. Ils sont 350 élèves dans cette boîte et ils ne payent que 80 dollars (400 francs) par an. Mais la congrégation des

Sulpiciens est si riche! Ne pourrait-elle faire quelque chose pour ses élèves? et que deviennent les revenus de la moitié de Montréal qu'elle possède sans avoir d'impôts à payer?... Quelle révolution ils sont en train de se préparer là-bas!

J'ai visité encore des *high schools*, l'École polytechnique, l'Académie commerciale, puis des écoles anglaises : partout le même contraste. Ici, des muscles, de l'activité, de la hardiesse, des regards bien francs; là, des membres maladroits, des attitudes gauches, aucune indépendance, rien de viril. Leur rude climat leur rend la santé malgré tout, mais le caractère qui ne germe pas, qui pourrait ensuite le créer de toutes pièces? Nous sommes entrés en passant dans un gymnase où beaucoup d'écoliers se livraient à des exercices de force et d'agilité,... tous anglais!

VIII

En notre honneur, le drapeau tricolore flotte au sommet du Haras national, la nouvelle création du jeune et ardent directeur général de la Société hippique d'exportation. Les lecteurs de *la Brèche aux buffles* connaissent par le menu son ranch du Dakota et savent par quelle persévérante et inébranlable fermeté il est parvenu à s'attacher la Fortune, cette grande rouleuse. Il s'agit maintenant d'ouvrir le marché canadien, comme celui des États-Unis, aux chevaux percherons et normands. Ce sera une victoire sur l'Angleterre, qui a, jusqu'ici, le monopole du commerce hippique. Le haras est à peine achevé, mais il est tenu de façon à faire sur les clients la meilleure impression. On sent, à tous les petits détails intérieurs, la main de fer recouverte du gant de velours. Dans la sellerie, A*** nous fait voir tout son équipement de *cowboy* : le pantalon de cuir, la selle mexicaine, le chapeau à larges bords, le lasso et les cordons en crin de cheval dont on s'entoure quand on dort dans la prairie, car MM. les serpents ne les franchiraient pour rien au monde, même pas pour dévorer un directeur de société hippique. Il nous raconte la vie du ranch, les ivresses et les dangers de leur existence, leurs plaisirs exotiques, les grandes chasses et les grands froids,... et puis, quand il a bien causé de tout cela, d'un mot il revient à sa chère France, dans laquelle il sait bien qu'il serait un peu à l'étroit, mais qu'il ne quitte jamais par la pensée.... C'est comme cela qu'il nous en faut, des Français!

IX

Dans le spleeping qui nous traîne vers Québec, je rêve que la neige tombe et, quand je me réveille, elle est là, en effet, couvrant la terre, et les grands sapins du Nord, et les pauvres cabanes misérables, mais elle fond bientôt et, pour notre arrivée, il n'y a plus que du vent et une pluie pénétrante. A première vue, cela ne séduit pas; le fleuve est plus étroit qu'on ne se l'imagine, la montagne moins haute, la citadelle moins crâne. Au débarcadère, les fameuses calèches sollicitent l'attention : sortes de conques marines posées sur des courroies, bien haut, et dodelinant d'une façon tout à fait comique sur les pavés. On est tout surpris de ne pas voir là dedans un dieu de l'Olympe enveloppé dans un nuage et tenant des guirlandes de roses. Au contraire, ce ne sont, à l'entour, que vieilles masures, escaliers humides, pignons pointus, puis un éboulis gigantesque, des pans de murs et des toitures en morceaux : c'est la catastrophe du mois dernier; la montagne s'est effondrée au-dessous de la terrasse Dufferin.

Un chef-d'œuvre, cette terrasse parquetée comme un skating et ornée de kiosques où des orchestres viennent se faire entendre les soirs d'été; le Saint-Laurent vu de là-haut est vraiment grandiose; la vieille ville est à vos pieds, la citadelle vous domine encore; vous apercevez la colonne très simple qui porte ces mots de granit : MORTEM VIRTUS COMMUNEM — FAMAM, HISTORIA — MONUMENTUM POSTERITAS DEDIT. « Leur courage les fit égaux dans la mort, l'histoire les unit dans la gloire, la postérité accole sur ce monument leurs deux noms » : Wolfe et Montcalm. Sans doute, ce serait plus beau si nous n'avions pas perdu la Nouvelle-France, si Napoléon n'avait pas sacrifié la Louisiane et dédaigné la Plata, si l'Inde nous était restée. Mais faut-il compter pour rien tous ces noms français que gardent les lointains rivages, toutes ces luttes françaises dont parlent les annales de tous les peuples, toute cette gloire française qui flotte dans le monde ?

X

Mon cocher m'a exhorté à prendre un train qui « ronne » plus vite qu'un autre. C'est un Canadien-Français qui sourit jovialement en parlant du « vieux pays ». Il me fait voir sur la route les jolies « places » et s'arrête à un croisement à niveau pour laisser passer les « chars ». Il est inquiet de savoir si je préfère la « Puissance » aux « États »; en politique, il partage la manière de voir de M. un tel, « écuyer », et il est l'ennemi de M. un tel, également « écuyer ». Ces mots anglais : *run, place, cars, Dominion, States, esquire*, qui n'ont pas d'équivalents en français et que les Canadiens y transplantent bon gré mal gré, produisent l'effet le plus saugrenu.

De Québec à Montmorency, où nous allons,

ce n'est, le long du Saint-Laurent, qu'un village ininterrompu. Une basilique de bois dresse sur la droite ses deux clochers pointus. Tout est en bois, tout sent l'hiver qui vient ; on répare les traîneaux, on répare les fourrures, on amasse du combustible, on repose les doubles fenêtres ; dans la coulisse, le froid s'apprête à entrer en scène au premier coup d'archet du grand chef d'orchestre.

XI

Le grand séminaire de Québec fut fondé par Mgr de Laval en 1663 et le petit séminaire ou collège en 1668. L'université Laval a été fondée en 1852 par le séminaire et elle prit le nom de l'évêque auquel elle doit indirectement son existence. La charte royale lui a été accordée sur la recommandation de lord Elgin, alors gouverneur général. Cette institution ne fait qu'un avec le grand et le petit séminaire, le premier alimentant la faculté de théologie et le second, les autres facultés. L'archevêque est le *visiteur*; le supérieur du séminaire est de droit recteur. Les diplômes sont ceux de bacheliers, de licenciés ou maîtres et de docteurs. La faculté des arts se divise en deux sections : celle des sciences et celle des lettres. Un prix a été institué par le prince de Galles ; le nombre des étudiants est considérable. Les bâtiments sont grands, mais sales et mal tenus. Par les fenêtres, j'aperçois les élèves du petit séminaire qui devisent gravement dans leur étroit préau : toujours les redingotes râpées et les ceintures de serge verte.

L'université possède des revenus considérables et a fondé une succursale à Montréal, pour y étouffer dans l'œuf l'université Victoria, de la province d'Ontario, laquelle y possède également une succursale. Comme l'étouffement n'était pas assez rapide, on s'est adressé au pape, qui l'a prononcé d'office, ce qui a causé de légitimes mécontentements à Montréal. Il y a encore une université connue sous le nom de « Bishop's College » ; elle est située à Lennoxville, dans les cantons de l'Est, et placée sous le patronage et la direction de l'Église anglicane. Elle a été fondée en 1843 par l'évêque Mountain.

XII

Quelques personnes qui représentent chez nous l'ignorance crasse sont persuadées que le percement de l'isthme de Suez a facilité les relations de l'Europe avec le Canada. A l'étage au-dessus, on sait dans quelle partie du globe il convient de placer ce pays; mais on le considère comme une petite colonie anglaise ayant pour capitale notre vieille ville de Québec. Au-dessus encore, on est au courant des phases politiques de l'histoire canadienne; on connaît l'existence du *Dominion*, confédération des sept provinces de la Nouvelle-Écosse, du Nouveau-Brunswick, de Québec, d'Ontario, du Manitoba, de la Colombie anglaise et de l'île du Prince-Édouard; on sait que Terre-Neuve s'annexera peut-être un jour et que, dans les immenses territoires du nord-ouest, le Canada se taillera bientôt de nouvelles provinces. Mais ce qu'on ignore assez généralement c'est qu'une province canadienne ressemble absolument à un État de l'Union. La province de Québec a, comme le Massachusetts ou l'État de New York, son gouverneur, ses ministres et ses deux chambres. Elle fabrique ses propres lois et jouit d'une autonomie parfaite.

Voilà pourquoi je m'assis, ce soir-là, à la table hospitalière du secrétaire de l'instruction publique, en compagnie du premier ministre, du chef de l'opposition et de plusieurs autres personnages politiques. Honoré Mercier, premier ministre de la province de Québec, n'est pas un homme ordinaire. Il n'a rien du chef d'État froid et compassé, accablé de soucis et suivant toujours au travers des conversations une pensée dominante. Il est bon enfant, rieur, avec des histoires drôles plein la tête; il vous les conte pittoresquement avec son accent traînard et un peu paysan, et il en rit tout le premier. Au fond, c'est un homme extrêmement fin, qui joue aux échecs avec ses adversaires et combine fort bien ses coups. Il est chef d'un parti élastique susceptible de devenir tour à tour castor [1], libéral, national, etc., sans avoir à renier ses principes. En face de lui, à table, le bouillonnant et intrépide chef de l'opposition, vrai Don Quichotte parlementaire, lui portait des bottes secrètes dont il étudiait l'effet d'un œil triomphant. Tout d'une pièce, ce chef de l'opposition, et le cœur sur la main. « Monsieur le Premier, disait-il, monsieur le Premier, écoutez bien!... » Et la conversation s'animait, et tout le monde voulait parler à la fois. Alors M. le Premier promenait autour de lui un regard narquois et, plantant son couteau sur la table, recommençait en ces termes : « Voyez-vous, mes enfants... ».

Au nombre de « ses enfants » il y avait deux silencieux, qui, sans doute, entendaient fort bien le français, ayant l'un et l'autre des fonctions à remplir dans la province, mais qui prétendaient ne pouvoir le parler. Sur les lèvres du premier ministre et des autres convives les phrases anglaises succédaient aux françaises, indiquant non une grande pureté d'ac-

---

1. Les castors sont les ultramontains du Canada.

cent, mais une connaissance approfondie de la langue.

Un ministre manquait : celui de l'agriculture. Je le vis plus tard à Paris; c'est le fameux curé Labelle, créé monsignor par le saint-siège, ce qui ne l'a nullement métamorphosé. Son zèle dévorant ne s'est pas ralenti, son solide bon sens n'a pas été entamé, sa pipe ne s'est pas refroidie et il a gardé sa cravate rouge et sa redingote noire. Quant à son langage, il participe du corps de garde plus que de la sacristie. Mais qui oserait dire que la pipe, la cravate rouge et les grosses plaisanteries du curé Labelle diminuent le respect qu'on lui porte et l'affection dont on l'honore?

Il nous resta de ce dîner de Québec un très vif et très bon souvenir; le charme original et sympathique que possède le premier ministre, l'étrangeté de ces mœurs parlementaires, la franche gaieté de ce milieu officiel, tout cela était imprévu et attrayant;... et je pense à M. Tirard, plantant son couteau sur la table et disant à ses collègues : « Voyez-vous, mes enfants!... »

XIII

La citadelle est perchée sur un plateau rendu célèbre par la bataille dite des Plaines d'Abraham. Elle est entourée d'une enceinte redoutable, dont les fossés et les bastions forment un dédale inextricable. Sur l'Esplanade, qui est au centre, des soldats font l'exercice; non pas des soldats anglais : il y a beau temps qu'ils sont retournés chez eux, mais des soldats canadiens, car la confédération possède une armée régulière et permanente en plus de ses nombreux régiments de volontaires. L'engagement est de trois ans et il y a une école d'officiers à Kingston.

Le vent et la pluie ont cessé, l'ouragan s'est calmé, il ne reste plus qu'un peu de neige sur les hauteurs. La vue est resplendissante, le

Saint-Laurent est bleu comme le Bosphore ; ce sont les adieux du soleil et des teintes chaudes. De là, nous redescendons dans les rues ; parfois on se croirait dans quelque chef-lieu de département français, bien provincial et bien boueux ; d'autres fois, c'est l'Amérique qui reparaît à travers un réseau de fils électriques ; mais le plus souvent, l'impression est *unique* et nouvelle. Cela sent l'antique et le récent à la fois ; quelque chose comme l'endroit où de hardis pionniers, installés dans un pays neuf, auraient placé leur quartier général sous la garde de leurs vieux parents. Nous marchandons des fourrures dans un magasin immense : un véritable entrepôt de la Compagnie de la baie d'Hudson. Et toujours il faut monter ou descendre, tourner, revenir sur ses pas, traverser des voûtes, longer des murs gris, patauger....

XIV

L'aspect d'Ottawa est très saisissant. La ville est toute neuve : un décret inattendu de S. M. la reine Victoria en a fait une capitale. Le premier moment d'étonnement passé, on s'est rendu compte de la position stratégique exceptionnelle qui lui avait valu cet honneur; c'était d'ailleurs la seule manière de couper court aux revendications jalouses de Québec, la plus ancienne; de Montréal, la plus importante; de Toronto, la plus anglaise des cités canadiennes.

Un Parlement fut élevé et une ville se créa autour. Ce Parlement est le groupe d'édifices le plus remarquable de toute l'Amérique du Nord. L'esplanade est fermée par des balustres et des grilles; de chaque côté, se trouvent les différents ministères; et au fond, précédé d'un escalier monumental, se dresse le bâtiment qui renferme le Sénat et la Chambre des députés. Comme architecture c'est inspiré de Westminster, mais avec moins de sculptures et quelque chose de plus massif. Derrière enfin, se trouve la fameuse bibliothèque octogonale qui, de loin, présente l'aspect d'une tiare moscovite avec ses formes inusitées et son toit pointu. Ce Kremlin canadien a l'avantage d'être situé sur une colline qui tombe à pic dans la rivière Ottawa. Entre les sapins, apparaît la falaise sombre; à droite et à gauche, la ville se développe, puis, au delà, toute la vallée découvre son enchevêtrement de rivières et de forêts.

Quand nous avons bien visité le palais, qu'on nous a fait voir le trône du gouverneur général, les couloirs, la salle de lecture, les galeries, nous prenons le tramway qui va des chutes de la rivière Rideau aux chutes de la Chaudière en traversant toute la ville.

La Chaudière mérite bien son nom. La roche se compose de tranches horizontales, dans les interstices desquelles l'Ottawa se précipite en bouillonnant. Jamais cours d'eau n'a dû se donner tant de mal pour reconquérir sa liberté; et comme si ce n'était pas assez des difficultés naturelles qu'il a à vaincre, des centaines de scieries sont venues s'installer dans ce lieu déchiqueté pour en compléter le chaos; elles posent moitié sur le roc, moitié sur des pilotis; l'eau se glisse partout, portant des arbres qui flottent à sa surface, faisant tourner des roues, et toujours bouillonnant; des perspectives invraisemblables s'ouvrent çà et là sur les chutes; une forte odeur de sapin imprègne l'atmosphère; des planches s'entassent les unes sur les autres et, quand on regarde du côté de la ville, on voit sur la rivière des *bancs* de sciure de bois qui surnagent comme des algues; et, dominant cette nappe d'eau tachetée de jaune, la silhouette élégante et légère du campanile et de la tiare moscovite.

L'université d'Ottawa est à la fois anglaise et catholique, c'est-à-dire qu'elle est principalement peuplée d'Irlandais. Ce double caractère se devine dès l'abord par la présence dans le parloir d'un prix de *foot-ball* qui fait vis-à-vis à un Bref du pape. On cultive, en effet, le *foot-ball*, et voici plusieurs années que les champions de Toronto se font battre par les jeunes athlètes ; ceux-ci ont à leur disposition un champ de jeu et un gymnase. *The Owl*, qu'ils publient chaque mois, est leur organe. Ils sont éclairés à l'électricité et entendent la messe dans une chapelle mauresque ; voilà pour le côté moderne. Par contre, ils ne jouissent pas d'une aussi grande liberté que les Américains de leur âge. Il leur faut une permission pour sortir et les journaux qu'ils reçoivent passent d'abord par le cabinet du directeur. Mais, à vrai dire, ce ne sont pas les élèves qui m'intéressent le plus ici ; ce sont les maîtres. Ils appartiennent à la congrégation des pères Oblats et viennent de France. Ottawa représente un peu le point de jonction des deux Canadas ; ils avaient donc à choisir entre deux systèmes d'éducation différents ; leur choix est fait et ils le motivent sans hésitation. L'université remonte, sous le nom de collège, à l'année 1848 ; Ottawa était alors un village et s'appelait By Town ; on lui a rendu son ancien nom si gracieux et si couleur locale. Du collège on a fait une université qui abrite aujourd'hui 350 garçons, dont un grand nombre sont internes; la pension n'est pas élevée. Quelques protestants sont également inscrits; ils n'assistent pas aux offices. Les études sont divisées en quatre branches : lettres, sciences, génie civil (ingénieurs) et commerce. Si vous voulez bien me suivre un instant dans une « classe de commerce », vous y prendrez connaissance du système suivi dans les *business colleges* (mot à mot, collèges d'affaires) des États-Unis; il surprend par son caractère de simplicité et d'étrangeté.

La salle est assez grande et contient, au centre, des bancs et la chaire du professeur. Mais sur trois côtés elle est entourée de cloisons surmontées de grillages en fil de fer, lesquels sont percés de guichets : derrière, est un large passage où l'on peut circuler librement. Sur les guichets, sont inscrits les mots : ASSURANCES; ESCOMPTE; CAISSE; POSTE ET TÉLÉGRAPHE, etc. C'est là que les élèves vont simuler avec précision toutes les opérations, petites et grandes, qu'ils devraient faire s'ils étaient réellement acheteurs, comptables, chefs d'une maison de commerce, directeurs d'une banque, chargés de l'exploitation d'une usine, agents d'une compagnie de chemins de fer, etc. Leur monnaie est en papier. Ils ont des billets de 5, 20, 50, 100 dollars, qui portent les armoiries du collège, avec la mention : Banque de l'université d'Ottawa. Les marchandises sont plus difficiles à représenter; mais après tout, dans un bureau, tout se traduit par du papier; les marchandises sont donc des morceaux de carton colorié sur lesquels est inscrit le nombre des tonnes représentées. Après cela, il y a dans les armoires tout un stock de papier à en-tête pour les écritures, les comptes de fin de mois, les reçus, etc. Et précisément c'est demain la fin du mois; il y a trois garçons qui piochent dur là, sur un banc, pour ne rien oublier, ne rien négliger en vue de cette échéance. Ils sont serrés les uns contre les autres, la tête sur un gros registre, les mains dans les cheveux selon l'usage des collégiens du monde entier, chez lesquels cette posture indique toujours une grande intensité d'attention et de réflexion. Pendant ce temps-là, les autres se présentent aux guichets, achètent, vendent, demandent des renseignements; le père Oblat qui est professeur tient un journal à la main et indique le cours des valeurs; on vient d'afficher, en même temps, la perte d'un bateau qui, réellement sorti du port de Montréal, à destination de l'Europe, a réellement sombré et a fictivement entraîné au fond de la mer la cargaison d'un élève. Le malheureux n'avait pas voulu s'assurer : « Cela vous apprendra, une autre fois! » lui dit le professeur en manière de consolation.

Ce mélange de fictif et de réel est nécessaire pour rendre le système fructueux. Il sert à attirer l'attention des élèves sur une foule de détails auxquels ils n'attacheraient, sans cela, qu'une minime importance; il fixe dans leur mémoire des faits qui, sans cela, s'en échapperaient aussitôt; il rend attrayant, intéressant et vivant à leurs yeux tout ce qui, appris dans les livres ou seriné par un maître, leur semblerait fastidieux et monotone.

Certains collèges ont été plus loin encore dans cette voie; ils se sont entendus pour faire des affaires les uns avec les autres. Il ne s'agit plus alors d'une poste de poupée ou d'un télégraphe ayant des fils de 6 mètres pour correspondre d'un étage à un autre dans un même bâtiment. La vraie poste et le vrai télégraphe entrent en scène. Cela donne aux traites, aux lettres de change et de crédit, une apparence plus sérieuse et partant un intérêt plus vif.

Bien entendu, les diverses charges ne sont pas toujours exercées par les mêmes. Chacun à son tour passe derrière chaque guichet, de manière à bien connaître tous les services quand le cours est fini. Les langues étrangères jouent un rôle dans la correspondance et tel, qui bâillerait de tout son cœur entre les lignes d'une version, s'applique — également de tout son cœur — à saisir le sens d'une lettre allemande, française ou espagnole qu'il vient de recevoir. Évidemment ces travaux-là les passionnent : on voit dans leurs yeux tout le plaisir qu'ils y trouvent et on le voit aussi un peu dans ceux du professeur.

En 1874, on évaluait déjà à 138 le nombre des *business colleges*, aux États-Unis ; ces collèges contenaient 577 professeurs et 25 892 élèves. Le rapport du bureau d'Éducation de Washington, pour l'année 1888, en mentionne 222, avec 1 219 professeurs et 57 675 élèves, 5 écoles et 4 400 élèves de plus que l'année précédente. En plus de cela, 19 000 étudiants suivent les cours de commerce annexés aux écoles secondaires et normales et aux universités. En même temps que les universités ouvrent la porte aux choses du commerce, on voit des *business colleges* enseigner le grec et le latin. De plus en plus l'enseignement commercial s'élève au niveau des autres études.

XV

La ville de Toronto est assise sur les rives du lac Ontario, à l'endroit même où s'élevait jadis le fort Rouillée, dont il est question dans les romans sauvages de A. Devoile. A l'âge de douze ans, je me rendais quotidiennement dans ce fort, sous le règne de la reine Anne, entouré d'Outawais et d'Amalingans, très familiarisé avec les tomahawks et les chevelures, les wigwams et les calumets; en ce temps-là, le lac Ontario était entouré de hautes montagnes auxquelles mon imagination avait donné des contours très précis; or je ne sais quel cataclysme est survenu : toujours est-il que la campagne aux abords du lac est déplorablement plate, plate comme une sole frite, ce qui ne laissa pas de me contrarier quand je m'en aperçus.

De 1794, époque de sa fondation, à 1834, époque de son incorporation, Toronto porta le nom de York. N'en déplaise à Montréal, sa croissance a été plus rapide que celle d'aucune autre cité « en Canada ». En 1817, il y avait 1 200 habitants; en 1852, ils étaient 30 000; aujourd'hui, ils ne sont pas loin de 150 000. La première impression est une impression de richesse et d'avenir. On devine tout de suite une population entreprenante et persévérante. Il y a des trottoirs de bois, comme à Montréal, des réseaux de fils électriques en l'air comme à New York ou à Chicago, mais les constructions sont plus britanniques; elles ne sont ni modestes ni provisoires; les demeures des habitants semblent indiquer qu'ils sont établis là pour toujours, qu'ils gagnent de l'argent et s'en servent sans le gaspiller. Toronto est le véritable quartier général anglais et c'est là qu'on peut voir en présence deux races issues l'une de l'autre, tendant à la fortune avec une égale ardeur, mais non par la même méthode. Les uns ont pour devise : audace et hasard; les autres : énergie et calcul. Le calcul est le contraire du hasard et l'énergie n'est pas tout à fait la même chose que l'audace.... Qui aura raison, des Anglais ou des Américains?

Oui, en vérité, qui aura raison? ou plutôt qui mangera l'autre? Les Anglais sûrement n'ont pas la prétention de dévorer leurs voisins yankees, mais la réciproque n'est pas vraie, car les Yankees parlent à chaque instant de l'annexion du Canada à leur puissante Union. Mon avis est que l'annexion ne peut se faire que de trois manières : par la force; par le vote du Parlement canadien; par l'assimilation lente des deux peuples; cette troisième manière est la seule qui présente quelques chances de réalisation. La force?... Les États-Unis ne feront pas la guerre parce que personne chez eux n'en comprendrait l'utilité et, d'ailleurs, je ne sais pas jusqu'à quel point l'armée canadienne ne serait pas de taille à se défendre. Le Parlement canadien n'est pas près, non plus, de voter l'annexion si l'on en juge par la récente preuve de loyalisme qu'il a donnée [1]; quant à l'invasion de

---

[1]. Une déclaration de fidélité à la Couronne, proposée par un député anglais, vivement soutenue par un Canadien

chaque jour, à l'échange des idées, à la communauté des habitudes, c'est autre chose. Quand deux peuples ont une frontière facile à traverser, qu'ils parlent la même langue, que leur monnaie est identique et que beaucoup d'intérêts leur sont communs, il y a des probabilités pour que leur fusion s'opère, à moins qu'ils ne s'efforcent de réagir d'eux-mêmes contre ces tendances. Les Canadiens ont tout avantage à réagir : distincts des Américains proprement dits, ils peuvent aspirer à former un jour une très puissante nation, ayant son génie propre et vivant d'une vie indépendante; fondus au contraire dans la masse des États de l'Union, ils seront submergés et leur pays deviendra la proie des spéculateurs yankees. Il est difficile de se rendre compte du rôle que joueront les Canadiens français dans la solution de ce problème futur; pour le moment, leur attachement à la reine est extrême, mais il est visible que c'est sa personne plus que son caractère qui attire leurs hommages. « Que

---

français, a été acceptée à l'unanimité par le Parlement, désireux de répondre aux promoteurs des idées annexionnistes en rendant hommage à la reine.

le 21 juin prochain, s'écriait, à l'approche du jubilé de 1887, l'un des hommes les plus en vue de la province de Québec, notre bien-aimée et noble reine reçoive le témoignage de notre fidélité à sa couronne, de notre admiration pour ses vertus et de nos prières pour la longue conservation de sa vie, de son bonheur et de sa gloire. »

Quand le prince de Galles sera devenu roi ou que la république aura été proclamée à Londres, qu'adviendra-t-il du Dominion? Il prospère rapidement sous l'action simultanée des populations qui se le partagent; semblable à ce fameux escalier de Chambord que deux personnes peuvent gravir à la fois sans se rencontrer, il bénéficie grandement d'un tel état de choses : rattaché ou non à la Grande-Bretagne, son intérêt consistera toujours dans le maintien d'une entente si féconde et si avantageuse.

XVI

Alors, si, dans l'intérêt du Canada, j'étais appelé à donner des conseils aux Anglais et aux Français qui l'habitent, je réunirais les premiers pour leur dire : « Chers amis, méfiez-vous des habitudes yankees, ne les laissez pas pénétrer chez vous, barrez-leur la route et restez Anglais ». Aux seconds : « Mes frères, songez à vos écoles, qui ne sont pas brillantes, et émancipez vos esprits que l'on tient captifs; engendrez des idées en même temps que des enfants; défrichez les sciences aussi bien que vos forêts »; et enfin, à tous les deux, je dirais, ce qui doit rester le mot d'ordre de l'avenir : « Demeurez unis! »

XVII

Mon Dieu! cher lecteur, comme tu vas les trouver filandreuses, ces graves considérations que je te présente dans un pêle-mêle impressionniste, sans même avoir pris le soin de vérifier si elles ne se contredisent pas les unes les autres! Viens te reposer dans ces grands bois dénudés où çà et là quelques souches noircies indiquent les ravages du feu. A leurs pieds, s'étend une mousse incolore qui semble en pétrification. Parfois, dans une clairière, apparaissent des huttes de charbonniers, puis la solitude reprend pour des lieues et des lieues; ou bien c'est une hache de bûcheron dont les coups rythmés résonnent dans l'air pur; ou encore, une nappe d'eau bien immobile, bien froide qu'encadrent des taillis sombres. Cela devrait être lugubre, ce paysage; eh bien, non : c'est très noble, très simple et très viril.

XVIII

L'université de Toronto est établie dans de superbes édifices, à l'extrémité de la ville; elle compte près de 400 étudiants, dont une cinquantaine environ habitent dans l'université même. Nous allons voir leurs appartements, car c'est toujours cela qui m'intéresse le plus; nous sommes conduits par le président, sir Daniel Wilson, lequel est revêtu de la coiffure bizarre et du petit manteau trop court que j'ai tant de fois vus sur des têtes et sur des dos amis dans les rues d'Oxford et de Cambridge. Très anglais, tout ce que nous observons, avec, en plus, une teinte *coloniale* bien marquée. Çà et là traînent des *snow shoes*, des *toboggans*, des patins, des raquettes pour jouer à la crosse, puis des pelisses de fourrure et des gants ouatés;

rien qu'à voir toutes ces choses, on sent la bise venir de très loin par-dessus des étendues glacées. Nulle particularité à noter dans le détail de l'organisation non plus que dans le programme des études; c'est la même chose toujours. Les étudiants ont formé des quantités d'associations littéraires, scientifiques, médicales, historiques, athlétiques; ils pratiquent à la fois le *cricket* anglais et le *base-ball* américain; ils ont une compagnie de volontaires, un journal hebdomadaire et encore une autre société qui, sous le nom de *White Cross*, « la Croix blanche », poursuit un but très moral avec une franchise, je dirai presque une naïveté extraordinaire; chez nous, de semblables sociétés tomberaient sous le ridicule, si même il se trouvait quelqu'un pour avoir l'audace de les créer.

Il y a encore, à Toronto même : l'*Upper Canada College*, fondé en 1828 par sir John Colborne, sur le plan d'une maison d'éducation située dans l'île de Guernesey et que sir John, étant gouverneur de cette île, avait contribué à réformer; ce collège peut recevoir de 250 à 300 élèves; *Trinity College*, placé sous le contrôle direct du clergé de l'Église anglicane; *Mc Master Hall* (baptiste); *St Michael's* (catholique) et *Knox College* (presbytérien). Enfin, dans la province, se trouvent : l'université Victoria (méthodiste); *Queen's University* (presbytérienne), située à Kingston, *Albert College*, à Belleville, etc. L'École militaire de Kingston est placée sous le contrôle direct du gouvernement fédéral et, parmi les jeunes gens qui en sortent chaque année, quatre sont admis, s'ils le désirent, à servir dans l'armée anglaise.

Toronto possède aussi nombre de clubs sportifs; je n'en ai visité qu'un, l'*Argonaut Rowing Club*, élevé sur pilotis au bord du lac Ontario; il a formé, je crois, de bons rameurs; du reste, Toronto est la patrie du célèbre Hanlan, un des rois de l'aviron.

XIX

L'arrière du train est encore « en Canada »; l'avant touche aux États-Unis et notre car est arrêté, pour une seconde, au-dessus de ces formidables rapides dans lesquels le capitaine Webb a trouvé une mort absurde. On voit bien souvent des torrents impétueux rouler leurs flots courroucés au fond d'une gorge profonde, on les voit se heurter à d'inébranlables roches qu'ils couvrent d'écume; mais ici, c'est un effet tout autre : l'eau est tourmentée et tournoyante; elle n'a pas de colère, elle ne sait où aller et l'on devine qu'elle vient de subir une chute épouvantable, qu'elle a passé par un gouffre incommensurable et que toutes ses molécules sont en lutte les unes avec les autres. Si loin qu'on regarde, en amont ou en aval, c'est le même tourbillonnement et la même incohérence; des vagues semblent vouloir remonter vers la chute comme s'étant trompées de chemin, et les sombres murailles qui emprisonnent ce fleuve pris de vertige rendent la scène plus barbare et plus inoubliable; là-bas, derrière une falaise qui s'avance en proue de navire, le Niagara précipite d'une hauteur de 50 mètres une masse liquide que l'on a évaluée — bien approximativement, il est vrai — à cent millions de tonnes par heure.

Alors on n'a plus qu'une idée : courir à la chute; on bouscule tout le monde; on s'installe à la hâte; on n'attend point ses bagages et, guidé par le sourd grondement des eaux qui s'abattent, on atteint le bord de l'abîme. Mais ce n'est point l'impression première qu'il faut recueillir; elle est toute d'étonnement, parfois de désillusion. Quand on a la chance de trouver le Niagara dans sa solitude hivernale, quand les touristes ont fui, que les annonces et les réclames ont disparu, que les rives sont désertes et que le vent balaye rageusement les feuilles mortes, alors on jouit de ce grandiose et merveilleux voisinage; on ne se lasse pas d'errer en bas, dans le brouillard, au pied de la cataracte écrasante, — ou bien, en haut, dans le dédale des îles et des îlots que de légères passerelles réunissent. Qu'importe leur nombre? qu'importent les chiffres, les renseignements, les détails curieux que donne le guide? Il n'y a qu'une chose, la chute! On l'écoute la nuit dans le silence, on la dévore des yeux, on l'étudie sous tous ses aspects, on l'absorbe....

Certaines gens ne font pas tant de façons et se rangent à l'avis d'un gommeux de Paris qui disait, les lèvres sur la pomme de sa canne : « Après tout, ce n'est que de l'eau qui tombe! » — ou bien à celui d'un brave Américain qui s'écria, dit-on, avec une douleur vraie : « Quel dommage qu'une telle force soit perdue! »

DU NORD AU SUD

ITHACA — ANN ARBOR — CHICAGO — SAINT-LOUIS

1

Ezra Cornell ne savait ni le grec ni le latin, mais il se souvenait des durs efforts qu'il avait dû accomplir pour parvenir à la fortune. C'était, dans toute la force du terme, un homme *self-made*; il s'était fait lui-même et maintenant qu'il tenait entre ses mains cet instrument de puissance qui s'appelle l'argent, il se demandait de quelle façon il en devait user dans l'intérêt de ses semblables. L'instruction, qui lui avait manqué, lui paraissait l'unique remède pour tous les maux, le seul levier capable de soulever tous les poids, le véritable agent moralisateur de la race humaine. Il n'avait rien des duretés de cœur du parvenu, mais bien plutôt cette pitié profonde et douce de ceux qui ont beaucoup trimé. Sa bonté s'ingéniait à trouver des excuses pour toutes les fautes et il s'en allait répétant que, si les hommes sont mauvais, c'est l'ignorance qui en est cause.... Alors il se décida à fonder une université pour les pauvres !

A lui tout seul, il ne pouvait pas grand'chose, mais il avait pour collègue au Sénat un homme que le ciel semblait mettre sur sa route pour l'aider dans son entreprise. Cet homme avait deux visages : l'un regardait l'ancien monde et le passé; l'autre, le nouveau monde et l'avenir. Tout ce que l'Europe peut enseigner de plus raffiné, de plus docte, de plus fin avait trouvé place dans son esprit et il avait gardé en même temps les audaces et les aspirations jeunes du peuple d'Amérique. M. White était donc à même de comprendre Ezra Cornell, de partager sa foi et en même temps de diriger son ardeur et de redresser ses vues utopiques; et voilà comment, de l'union féconde de ces deux caractères, naquit la splendide institution qui s'appelle aujourd'hui l'université Cornell.

On était aux jours sombres de la guerre de Sécession ; il y avait des ruines et des détresses plein le pays et une terreur patriotique plein les cœurs, parce que l'œuvre de Washington avait failli s'écrouler. Les assemblées législatives des différents États, soucieuses de préparer des soldats pour les luttes à venir, dotaient richement les institutions qui consentaient à donner l'instruction militaire à leurs pupilles. L'État de New York disposait à cet effet d'une grande étendue de terres et l'on allait vraisemblablement morceler ces domaines ; conseillé par son collègue White, M. Cornell demanda et obtint que le tout fût attribué à une université qui s'établirait à Ithaca et à laquelle il donnerait, de son côté, une somme de 2 500 000 francs. L'État réclama le droit d'y faire instruire gratuitement un certain nombre de jeunes gens et l'arrangement fut conclu. L'université Cornell était fondée et Andrew Dickson White en devint le président.

Tout d'abord, à l'appel généreux de M. Cornell, répondirent une foule de fruits secs, de ratés, d'agités, de toqués ; on vit venir près de 800 étudiants et, parmi eux, des réfugiés politiques russes, serbes et bulgares, des rastaquouères brésiliens, des aigris de partout. « Jamais, a dit depuis un des professeurs de l'université, jamais on n'avait assisté à pareille réunion depuis le jour où Romulus passa en revue les citoyens qui avaient accepté de fonder avec lui l'empire romain. » Il fallut se montrer sévère dans les examens d'entrée et renvoyer chez eux la moitié des candidats. M. Cornell s'en désolait : « C'est tout simple qu'ils ne sachent rien, puisqu'ils viennent apprendre », disait-il aux examinateurs; il aurait voulu garder tout le monde et, dans son désir d'augmenter le nombre des éducations gratuites que l'université pouvait entreprendre, il inventait mille procédés ingénieux; il créait une ferme où les étudiants très pauvres pourraient gagner leur vie tout en suivant les cours, des ateliers où la menuiserie, la serrurerie, etc., pourraient également leur procurer les revenus nécessaires. Il advint naturellement qu'en quittant la charrue et le rabot, ces étranges étudiants n'avaient rien de plus pressé que de s'endormir aux leçons de philosophie ou d'histoire. Alors, le Tolstoï américain cherchait autre chose, tandis que le président White, par un travail opiniâtre, épurait lentement et transformait l'université naissante. Il avait élevé tout auprès une luxueuse demeure qui devint l'asile de toutes les distinctions; de là, il gouvernait avec la triple autorité que lui assuraient sa lumineuse intelligence, sa raison droite et saine et son charme irrésistible.

II

Que les temps sont changés! et combien l'on a peine à comprendre, en parcourant aujourd'hui l'université Cornell, que ces 1400 étudiants, que ces édifices innombrables, que toute cette richesse et toute cette science soient l'œuvre de vingt-cinq années. Plus d'utopies ni d'excentricités, mais un ton sérieux et laborieux que l'on constate bien vite. Il n'y a pas ici de jeunes fainéants; il y a des riches et des pauvres, mais tous étudient; il est resté quelque chose des nobles efforts du fondateur; il est resté un esprit d'ordre, d'économie et de travail, un esprit d'égalité et de fraternité sociales qui font de Cornell la plus franchement américaine des universités transatlantiques. Lui, il dort son dernier sommeil au milieu de toutes ces belles choses dont, après tout, on lui est bien redevable, car s'il n'en est pas directement le créateur, il a su les inspirer et sa générosité les a rendues possibles; il a eu la bonne volonté et le dévouement. Et c'est pourquoi chaque année, au jour anniversaire de sa naissance, des fleurs sont répandues sur sa tombe et des honneurs sont rendus à sa mémoire. D'autres bienfaiteurs ont suivi son exemple; plusieurs édifices portent le nom d'un M. Sage dont la générosité fut sans bornes; il faut citer aussi M. Barnes, de New York, l'éditeur bien connu, et enfin le président White, qui ne s'est pas contenté de donner son temps et sa peine.

Grâce à tous ces dons (un legs considérable fait actuellement le sujet d'une contestation qui a été portée devant les tribunaux), l'université peut appliquer ses ressources à diminuer les dépenses de ses étudiants; ils ne payent pour l'enseignement que 375 francs, et leur logement et leur nourriture leur coûtent 1000 à 1500 francs. Le total peut varier de 1500 francs à 2250 francs. Pour chaque dollar que dépense un étudiant, l'université en dépense quatre; elle est donc en droit d'exiger de lui ce qu'on n'exige ni à Harvard, ni à Yale : une conduite irréprochable et un travail suivi ; 94 professeurs composent le corps enseignant : les matières inscrites au programme sont ; la littérature, la philosophie, les sciences, l'agriculture, l'architecture, les sciences industrielles, la mécanique, l'histoire, les sciences politiques, le droit, la médecine, les langues vivantes, la pédagogie, les finances, le dessin. En plus de cela, des conférences sur les sujets les plus variés sont données tous les ans par les spécialistes en renom. Le choix des études est aussi libre que possible ; chacun se débrouille ; on peut même être admis à faire un stage de deux ans seulement, à suivre les cours sans passer d'examens. Bref, tout ici est organisé en vue de ces *strugglers for life* qui marchent sur les traces d'Ezra Cornell. On leur offre des bourses qu'ils enlèvent au concours ; on vient à leur secours quand ils le méritent, et surtout, on les arme pour la lutte à l'aide de tout ce que les siècles passés ont accumulé de connaissances dans l'esprit des hommes et de tout ce que le présent siècle a mis de puissance entre leurs mains. Mais ils y trouvent plus encore : ils y trouvent un milieu social distingué, une atmosphère saine ; ils y prennent des habitudes de bon aloi et ils en sortent non seulement bien instruits, mais bien élevés ; cela, j'ai déjà dit à qui ils le devaient.

L'université est *unsectarian*, comme le gouvernement, mais elle est chrétienne comme lui. Dans la chapelle, tous les cultes chrétiens sont admis à tour de rôle et on y entend parfois des prédicateurs catholiques. Environ 500 étudiants appartiennent à la Y. M. C. A.; en plus, les baptistes, les méthodistes, les presbytériens et les catholiques ont leurs associations particulières qui témoignent d'un sentiment religieux très vivace.

Beaucoup d'étudiants vivent en bas, dans la ville ; d'autres habitent les *dormitories* ; d'autres encore sont groupés dans les jolis cottages des sociétés secrètes, une institution singulière dont je n'ai pas encore parlé. Enfin 138 étudiantes demeurent dans un grand bâtiment qui leur est spécialement destiné, et il ne semble pas que cette éducation mixte ait donné le moindre souci aux administrateurs ni au président.

III

Les bâtiments universitaires sont situés sur une haute colline que bordent deux gorges sauvages, boisées, où coulent des cascades indéfinies. Le sommet de la colline forme un plateau d'où la vue s'étend sur le lac Cayuga et sur la gracieuse petite ville d'Ithaca. Une première rangée de bâtiments dessine la crête de la colline; ce sont des masses carrées, grisâtres, sans caractère; à l'entour, des constructions plus modernes, la chapelle, le joli hall de la Y. M. C. A., puis le collège des jeunes filles, le gymnase, une bibliothèque en construction, où 240 000 volumes trouveront place,... enfin des chalets de toutes les tailles et de tous les styles, et pas une clôture. Ces demeures sont posées sur un tapis de gazon parsemé d'arbres; c'est une communauté, un phalanstère:

La maison du président White (on continue de le désigner ainsi, bien qu'il se soit démis de ses fonctions en 1885, pour raison de santé) domine encore tout cela. De mes fenêtres j'embrasse l'ensemble; j'aperçois le champ de *football*, le bout du lac et toute la vallée. Un joli carillon bien cristallin se fait entendre matin et soir, et ce sont alors des processions d'étudiants qui se croisent en tous sens avec des livres sous les bras et un paletot jeté sur les épaules. Quand vient la nuit, le lac disparaît; des lumières innombrables scintillent et une lueur de clair de lune monte de la ville, où l'électricité brille dans de gros globes blanchâtres.

IV

Un grand drapeau qui flotte au sommet du gymnase indique qu'il y aura exercice militaire tantôt. Il en est ainsi trois fois par semaine pour les *freshmen* et les *sophomores*, qui seuls y sont astreints. On est occupé, quand nous arrivons, à enlever les appareils; tous sont mobiles, de sorte que le gymnase se transforme en une immense salle d'exercice. Les jeunes gens arrivent peu à peu en uniforme : pantalon bleu, à bande blanche, dolman bleu, casque blanc. Ils sont 600, placés sous le commandement d'un lieutenant de l'armée régulière, nommé pour trois ans. On donne ces quasi-sinécures aux officiers qui ont besoin de repos à la suite de quelque dur travail ou de quelque expédition lointaine. Le lieutenant commande en chef; c'est le colonel; les autres gradés sont tous des étudiants nommés par lui. Je vois le capitaine dans « son bureau ». Il signe des ordres et pourvoit à tout avec chic et activité.

En plus de l'exercice, qui ne pouvait être bien remarquable, exécuté par de si *green soldiers*, il y avait, ce jour-là, la classe des P. W. Ces initiales désignent les malheureux que l'on range dans la catégorie des *Physical wrecks*, mot à mot les naufragés de la force physique, c'est-à-dire tous les faibles, les mous, les mal constitués,... qui travaillent à part et exécutent cette bienheureuse gymnastique d'ensemble si attrayante et spirituelle! Eh bien, je ne trouve pas mauvais qu'elle soit indiquée comme un remède aux malades, mais, sapristi! aux malades seulement, et n'allez pas imposer les flexions, les circumductions et les abductions à de braves jeunes gens qui ont du sang dans les veines et de l'ardeur plein leur être. Le jeune docteur Hitchcock, fils de celui d'Amherst, est ici directeur du gymnase; il paraît un peu plus partisan de la liberté et les examens qu'il fait passer sont moins minutieux; mais pas plus que son père il ne semble se douter que l'athlétisme c'est l'effort et que, là où il n'y a pas effort, l'hygiène peut être sauve, mais la pédagogie est imparfaite.

V

Les sociétés secrètes qui étendent sur les universités américaines leur réseau de groupes, de branches, d'affiliations, etc., sont inoffensives, ce qui ne veut pas dire qu'elles ne puissent dévier quelque jour et devenir dangereuses. Mais rien n'indique jusqu'à présent de pareilles tendances ; j'en ai acquis la conviction malgré la méfiance que je ressentais à leur endroit en arrivant en Amérique. Elles ont leurs ennemis qui leur disent : « Ou bien votre secret est sérieux, et c'est mauvais ; ou bien il est insignifiant, et c'est puéril ». A quoi leurs défenseurs répondent : « Ou elles font du bien ou elles font du mal ; il faut les juger d'après leurs fruits : or elles font du bien ; donc elles sont utiles ».

La vérité, c'est que les lettres grecques à l'aide desquelles on les désigne sont les initiales d'une formule qui leur sert de devise; dans la plupart des cas, le secret ne va pas au delà et il faut chercher l'explication de son existence dans le penchant très marqué qu'ont les Américains pour tout ce qui est mystérieux. Ces sociétés sont puissantes. Dernièrement, à Boston, l'ΑΔΦ ou bien la ΧΓ donnait une fête. Il y avait bien là 400 jeunes gens, portant à la boutonnière je ne sais quels insignes et traînés, comme la noce du *Chapeau de paille d'Italie*, dans un nombre respectable de voitures de louage. Ils criaient, chantaient, s'amusaient; leur secret n'avait pas l'air de les gêner. On a fait le relevé des maisons que les sociétés grecques possèdent dans les diverses universités; il y en a partout. J'en ai trouvé, pour ma part, jusqu'à Charlottesville, en Virginie. L'université de Michigan, où je vais me rendre en quittant Cornell, en renferme également; il y en a à Princeton et peut-être même quelque succursale existe-t-elle au Canada. J'en ai visité deux à Amherst; elles étaient parmi les plus confortables et ressemblaient à celles que le président White m'a montrées ici. Les chambres sont meublées avec originalité et élégance. Au rez-de-chaussée, se trouvent de grandes pièces qui servent aux soirées dansantes que donnent les jeunes gens pendant l'hiver; ces soirs-là, je pense que les vins ne sont pas proscrits, mais il n'est pas rare, me dit le président, qu'ils aient la sagesse de s'interdire dans la maison l'usage de toute espèce de spiritueux; c'est même une objection à l'établissement d'une cuisine et d'un *eating club* dans les maisons mêmes, ce que quelques-uns désirent; jusqu'à présent, ils vont prendre leurs repas au dehors. La maison se bâtit avec les dons des anciens élèves restés membres de la société; si une dette est contractée à cette occasion, elle est vite couverte; en plus, il se fait un roulement de meubles cédés par ceux qui partent à ceux qui arrivent, de sorte que le prix de loyer va toujours s'abaissant. Cette organisation paraît excellente et on s'en félicite généralement; les jeunes Américains ne supporteraient pas le régime d'Oxford ou de Cambridge; il leur faut plus de liberté encore. Ici, l'indépendance est absolue et néanmoins ils ont l'honneur de leur société à maintenir et un chef qu'ils élisent; rien de pareil dans les *dormitories*, où trop d'étudiants se trouvent réunis, sans raison, sans amitié, sans liens d'aucune sorte.

Les maisons des sociétés grecques ne contiennent guère qu'une douzaine ou une quinzaine de membres; ils entrent par rang d'inscription. Cela n'est pas toujours facile de se faire recevoir, dans ces sociétés et le premier venu ne peut se flatter d'y pénétrer d'emblée; bien entendu, il ne s'agit pas de savoir qui est son père, mais quel est son mérite personnel. Les liens ainsi formés durent toute la vie; et comme l'Américain est tout ce qu'il y a de moins *lâcheur*, il ne délaisse pas, une fois sa fortune faite, ceux de sa société qui ont besoin d'une somme d'argent ou d'un coup de main. Le président a été membre de l'une de ces sociétés; je l'ai tourmenté pour savoir le secret : il s'est mis à rire, mais n'a pas voulu me le dire.

VI

C'était hier jour d'élection; divers fonctionnaires de l'État de New York arrivaient au terme de leurs mandats. Nous sommes descendus voter tous ensemble et j'ai regardé le président mettre son bulletin dans l'urne. La section de vote était installée chez un modeste épicier; quelques surveillants volontaires appartenant aux deux partis en présence dévisageaient les votants, car il n'y a pas de cartes électorales et le seul moyen d'éviter les fraudes est de reconnaître les individus et de marquer leurs noms à mesure qu'ils se présentent. En résumé, calme complet dans les rues; dans la presse, campagne, énergique mais ne sortant pas des bornes qu'impose la bienséance.

Une voiture nous croise; ce sont deux fermiers des environs qui viennent aussi voter. Ils appartiennent à cette catégorie d'hommes qui ont *fait* l'Amérique et constituent encore sa base la plus solide, mais qu'on ne voit pas dans les villes. Il y a chez eux de l'aisance, de l'instruction et de la droiture; rarement ils parviennent à la richesse; leurs femmes lisent les meilleures revues et leurs filles jouent du Chopin et du Wagner. Dans un de ces intérieurs, un étranger vantait un jour je ne sais quelle alliance diplomatique comme devant être favorable au développement commercial des États-Unis. Le fermier répondit : « Nous ne devons pas oublier que Washington, dans ses instructions, nous a recommandé de ne pas chercher d'alliances avec les peuples étrangers, parce qu'il n'en pouvait rien sortir de bon et d'utile pour nous ». Cela dénote un esprit un peu étroit, mais un bon sens et une culture indéniables. Cette anecdote en dit plus long que bien des détails sur ces fermiers intéressants et originaux.

VII

Tous ces soirs-ci, on a causé élections et l'on a discuté les mérites des candidats. Mais, quand nous sommes seuls, je demande au président de me parler de l'Europe. Car, sur l'insistance de M. Garfield, il a jadis quitté sa chère université pour s'en aller représenter la République des États-Unis à la cour de S. M. l'empereur d'Allemagne. Il est à croire que la République fut rarement aussi bien représentée; au milieu des uniformes étincelants, le simple habit noir du ministre, rehaussé par sa distinction suprême et son talent supérieur, occupa constamment une place d'honneur. Aussi, que de souvenirs intéressants évoque en lui le seul nom de Berlin et comme il trace de main de maître la silhouette de ce Bismarck, étrange et hardi, auquel il n'a manqué qu'une chose : l'intelligence de son temps....

VIII

Le champ de *foot-ball*, situé sur le plateau, est suffisant pour les parties ordinaires; mais pour les matchs il faut quelque chose de plus convenable : une enceinte et des tribunes. C'est ce qu'a compris un généreux donateur. (Tu feras le compte, ami lecteur, de tous les généreux donateurs dont je t'ai déjà parlé et dont je te parlerai encore, et je te prie d'être persuadé que j'en passe... des meilleurs!) Donc M. Sage a fait les frais d'un splendide emplacement situé sur les bords du lac. On y descend par le ravin, qui n'est qu'une suite de surprises, d'aperçus fantastiques, de cascades, de contre-forts taillés dans le roc, d'arbres suspendus sur l'abîme;... l'ennui est qu'il faut passer par un tourniquet et payer 35 cents pour en sortir et atteindre par là le lac Cayuga. Une voie ferrée suit ses rives; lors des régates, on installe les spectateurs dans des wagons préparés *ad hoc*, et ces tribunes à locomotive se déplacent lentement de façon à suivre les rameurs dans leur course. Mais ce n'est pas encore la saison du *rowing*; revenons au *foot-ball*. Un match va avoir lieu entre Yale et Cornell et on voudrait recevoir les joueurs de Yale avec quelque cérémonie.... A quoi l'un de ceux qui nous accompagnent objecte que ces jeunes gens se trouvent dans une période sportive très importante et sont, par conséquent, *tenus très sévèrement*; l'entraîneur refusera pour eux toute espèce de repas ou de fête.... Il faut avouer, décidément, que cela va un peu loin à Yale et à Harvard. Cornell est plus raisonnable; est-ce pour cela qu'on la jalouse tellement? Quand vous parlez de Cornell à un homme d'Harvard ou de Yale, il tombe en pâmoison et ses succès manquent de lui donner un érysipèle. Rien de ridicule comme ces rivalités mesquines faites de pose, d'envie et de dépit mal déguisé.

IX

J'ai assisté tantôt à un cours sur l'art de fabriquer des villes : *city making*. Le conférencier a successivement passé en revue les grandes villes européennes, étudiant leur voirie, leurs institutions municipales, leurs égouts, leurs sergents de ville, leurs pompiers. Il expose, cette fois, les embellissements de Vienne et la transformation des remparts en un *Ring* qui fait à la capitale autrichienne comme une ceinture d'air et d'espace. Il émaille son récit d'une foule de détails pratiques dont ses nombreux auditeurs pourront bien quelque jour faire leur profit : plusieurs d'entre eux seront appelés sans doute à fonder des villes; qui est-ce qui ne fonde pas des villes en Amérique!... Dernièrement, le gouvernement a déclaré que l'Oklahoma — une portion du territoire indien — serait « ouvert » aux colons, tel jour, à midi. Depuis une semaine, on campait sur les frontières gardées par la force armée et, quand l'heure solennelle fut arrivée, une interminable procession de charrettes, de bestiaux, de véhicules de toute sorte pénétra dans le pays. Les uns avaient amené toute leur famille, des bébés à la mamelle et des bébés en espérance, et de quoi bâtir une maison par-dessus le marché; les autres venaient simplement avec quatre piquets et un revolver. On s'arrêta en un lieu propice, où chacun s'empara à la hâte d'un morceau de sol : le premier soir, la ville nouvelle n'était qu'un vaste campement; la semaine suivante, elle avait des rues et une municipalité; au bout d'un mois, son hôtel de ville était construit. Elle s'appelle Guthrie; on vendait, à New York, sa photographie à l'âge de 12 heures, de 8 jours, de 3 semaines et de 2 mois. Ces choses — est-il besoin de le répéter encore? — ne se passent que dans l'Ouest indéfini et sauvage, bien au delà de Chicago et du Mississipi. Quand on raconte de semblables anecdotes, on ne devrait jamais se permettre, comme l'ont fait certains auteurs, d'en transporter le théâtre dans la portion civilisée des États Unis.... C'est bien ici le cas de dire : vérité au delà du Mississipi, erreur en deçà.

X

Nous avons quitté Cornell aux rayons de la lune, qui mirait dans les eaux du lac Cayuga « son éventail d'argent ». Nous avons traversé les rues de Buffalo, franchi de nouveau les rapides du Niagara et nous voici tout près d'Ann Arbor, d'où nous gagnerons demain Chicago. Je n'ai jamais rien vu de plus désespérant, de plus endormi, de plus lugubre qu'Ann Arbor ce jour-là. Une petite pluie glacée tombait du ciel où circulaient très lentement, tout près de terre, des nuées grises et lourdes. Les rues étaient désertes; quelques boutiques montraient par-ci par-là leurs étalages inattrayants; et il n'y avait ni enfants, ni chevaux, seulement une ou deux étudiantes, la serviette sous le bras, rentrant du cours et parlant *cosinus* et *tangente*. C'était si triste, si plat, si mort qu'une grande affiche indiquant un prochain match de *foot-ball* entre l'université et *Albion College* me fit l'effet bienfaisant d'un verre de whiskey et chassa l'ombre menaçante du spleen.

Je n'ai pas encore dit qu'Ann Arbor est le siège de l'université de Michigan, qu'on y chassait les animaux sauvages il y a soixante ans et que 5 000 étudiants y travaillent aujourd'hui. J'ajouterai que l'instruction y est presque gratuite, que le budget des dépenses s'élève annuellement à un million, que l'État de Michigan solde ces dépenses et que les particuliers ne font pas de legs, tant il est vrai, partout et toujours, que l'assistance officielle paralyse les générosités des individus. Les seuls bienfaiteurs furent, qui le croirait?... les Indiens. On comptait encore avec eux, en ce temps-là, et on ne les traitait pas comme un troupeau de chiens. Ils consentirent à détacher un morceau de leur territoire pour doter l'université; peut-être quelque chef espérait-il, par là, fléchir le ciel et obtenir pour sa tribu les privilèges que donnent aux blancs la connaissance de mille choses cachées et le pouvoir de lire dans les grands livres. Mais il espérait en vain. Aucun Peau-Rouge n'a jamais suivi les cours à Ann Arbor.

La gratuité ou la presque gratuité de l'enseignement supérieur serait un grand danger partout ailleurs qu'en ces États de l'Ouest où le « chauffage à outrance » est une véritable nécessité. Que de temps perdu à rattraper, et dans un pays où le temps coûte cher! Les États de l'Est ont une avance considérable et, pour soutenir la rivalité, il faut susciter les talents, les forces; l'argent, on se le procure aisément, mais la science, cela ne s'improvise pas! Imaginez que les départements français jouissent d'une certaine autonomie; que la moitié de ces départements aient, pour une cause quelconque, été tenus en dehors des progrès du siècle et ne soient guère plus avancés qu'au temps de Napoléon Ier. Quelle course au clocher ce serait!

Notre première visite, sous la conduite de l'aimable président Angell, a été pour la clinique dentaire. Dans une immense salle, peuplée d'environ cinquante fauteuils articulés, les apprentis dentistes se font la main en opérant gratuitement tous les amateurs ; ils se soignent entre eux et soignent aussi le voisinage. Le professeur va de l'un à l'autre, donnant des explications et des conseils. Une odeur caractéristique, faite de toutes les drogues imaginables, emplit la salle et on les voit tous, penchés sur leurs clients avec un intérêt féroce, tripotant, tapant, raclant, grattant. Des femmes aussi travaillent : dans les familles où elles trouvent ensuite des places d'institutrices, on apprécie qu'elles puissent au besoin donner quelques soins aux enfants.... C'est égal! c'est drôle de venir dans une université pour en sortir bachelier ès dents.

La bibliothèque est semi-circulaire : au centre, une statue colossale représente le Michigan sous les traits d'une République sauvage. Nous entrons ensuite dans les divers laboratoires, où hommes et femmes se livrent à la préparation de mélanges asphyxiants, puis dans le musée chinois. M. Angell a résidé en Chine je ne sais dans quelles circonstances, et l'empereur, dont il est connu, a fait don à son université de tout ce qui composait la section chinoise à la dernière exposition de la Nouvelle-

Orléans. Le Mikado porte le deuil de *son cousin* le roi de Portugal! L'empereur de la Chine fait des cadeaux aux universités américaines!... il n'y a plus d'enfants!

Les maisons d'Ann Arbor sont toutes semblables; dans chaque maison il y a deux ou trois étudiants; c'est l'industrie, ici comme dans les villes pédagogiques d'Allemagne, de loger des étudiants. Ils sont pauvres et ambitieux et piochent dur.... C'est singulier comme le cachet germanique est visible sur toutes choses; on sent la bière et la choucroute, et, en effet, il y a beaucoup d'émigrés allemands tout autour. Quant aux étudiantes (au nombre de 300), elles ont l'allure délibérée, la démarche sceptique et l'air d'abominable sang-froid des nihilistes russes.... Mais, bah! tout cela, ce sont les impressions d'un jour de pluie.

XI

Le lac Michigan déferle furieusement sur les jetées de bois qui consolident ses plages sablonneuses; la houle emplit l'horizon; on ne voit au loin que la cheminée marquant l'entrée du tunnel sous-marin que Chicago s'est creusé pour avoir de l'eau plus pure, car cette masse liquide que la tempête secoue, c'est de l'eau douce; ces vagues formidables ne sont point celles d'un océan. On a de la peine à se faire à cette idée et l'on se demande si la Reine des Prairies ne s'est pas subitement transportée au bord de la mer.

Elle n'est plus si aisément transportable qu'au temps où l'incendie la dévora. « Chicago a brûlé, m'a-t-on dit quand j'avais huit ans, il ne reste rien, rien !... » et j'avais gardé une sorte de souvenir de cette catastrophe fantastique, surhumaine.... Ah bien! Chicago ne ressemble guère à une ville qui a brûlé tout entière il y a dix-neuf ans; ses rues immenses sont bordées de palais aux puissantes assises, aux pilastres de marbre; tout y a l'air si fort, si solide, si définitif qu'on lui forge un passé et des souvenirs historiques et que, pour un peu, on demanderait le chemin du palais royal. Il y en a un, d'ailleurs, où règne en souverain indiscuté Sa Majesté l'Argent. C'est le *Board of Trade*, « la Bourse du commerce »; on nous avait bien recommandé d'y entrer pour voir « l'agitation ». C'est vrai qu'on y mène un tapage infernal et que le spectacle est impressionnant. Mais il en est à peu près de même dans tous les grands centres d'affaires, tandis que, nulle part, le cadre n'est aussi grandiose. Ce *board of trade*, avec ses colonnes cyclopéennes et ses hautes fenêtres à vitraux, a un aspect de temple, de palais exotique et l'on cherche des yeux l'idole, le grand lama, le trône....

Et, autour du souverain, il y a la cour, avec son cortège obligé de favoris et de courtisans, dont les moindres gestes intéressent le public, dont les moindres paroles sont répétées, dont les moindres pensées sont drainées. Un journal américain intéresse toujours ses lecteurs en leur parlant de ces heureux du jour et surtout en leur donnant le chiffre de leurs revenus. Le millionnaire est le type, l'idéal; il constitue pour les jeunes ce qu'était Roland au moyen âge ou Lauzun sous Louis XIV. On lui prête une sorte de pouvoir mystérieux et, quand la fatalité l'écrase, il y a comme une stupeur générale : c'est ce que traduisait dernièrement un reporter en inscrivant en tête du récit d'une catastrophe ces mots étrangement philosophiques : « Un millionnaire brûlé vif! tous ses millions n'ont pu le sauver! »

De quel abaissement moral et de quelle pourriture une société où l'argent exerce un tel empire ne devrait-elle pas porter l'empreinte, selon la logique européenne? Eh bien, non! Cette société de Chicago aime les belles choses, elle vibre au contact des sentiments nobles, elle poursuit son achèvement moral en même temps que son enrichissement; elle monte, en un mot. Lisez le livre de M. de Varigny sur *les Grandes Fortunes aux États-Unis*; il fait passer devant

vos yeux les principaux millionnaires du siècle ;
il décrit leurs débuts pénibles, leur entêtement,
leurs vies agitées et, quand il arrive à l'instant
du triomphe, où l'homme fixe la fortune, le type
est toujours le même : un peu sceptique, un
peu autoritaire, un peu bourru, mais donnant
généreusement, secourant les malheureux, fondant des écoles, des hôpitaux ou des musées ;
tel est le millionnaire américain.

Il y en a un, tout près d'ici, dont le nom est
universellement connu : Pullmann, le constructeur et, je crois, l'inventeur des fameux
wagons-lits appelés de son nom les *Pullmann
cars*. Il ne s'est pas contenté de faire une fortune colossale et d'employer 5 000 ouvriers dans
ses ateliers ; tout ce que la philanthropie la plus
savante et la plus délicate lui a suggéré pour
améliorer leur sort, il l'a fait. Le patronage
qu'il exerce ressemble à celui qu'exercerait
chez nous un grand industriel s'inspirant des
mêmes principes : il y a seulement cette différence que rien n'est demandé à l'ouvrier en
retour de ce qu'on fait pour lui et qu'il est
traité en égal, comme il convient entre citoyens
américains.... Cette ruche de travailleurs est

située à trois quarts d'heure en chemin de fer du centre de la ville : on traverse, pour l'atteindre, de vastes espaces inhabités; mais n'importe! c'est toujours Chicago! A l'aide de ce subterfuge un peu ridicule, on est arrivé à compter près de 1 500 000 habitants; en réalité, il y en a plus de 900 000, ce qui est déjà gentil pour une cité aussi jeune!

Arrivés à destination, nous parcourons les divers ateliers, les fonderies avec leurs fournaises, leur métal incandescent et le bruit des lourds pilons, les menuiseries où les cars se construisent peu à peu en glissant sur les rails, d'un ouvrier à un autre, les ateliers d'ébénisterie, de peinture, de tapisserie, de lingerie; car tout se fait ici et, quand les cars sortent de l'usine, il n'y a plus qu'à monter dedans. Puis nous visitons la banque, les écoles, le théâtre, la bibliothèque, les églises des différents cultes. Quant aux maisons d'habitation, il y en a de toutes les tailles et de tous les prix. L'ouvrier n'arrive jamais à les posséder, combinaison bien préférable à celle qui le fait devenir peu à peu propriétaire de sa demeure et dont, en Europe, on a reconnu tous les inconvénients;

mais le loyer s'abaisse, je crois, tous les cinq ans, et à la naissance de chaque enfant ; c'est une prime à la moralité et à la stabilité. M. Pullmann a aussi créé une association athlétique dont les médailles sont fort recherchées. Beaucoup d'ouvriers en font partie.... En Angleterre aussi, les ouvriers forment des associations athlétiques, canotent et jouent au cricket. Cela prouve donc que les plus durs métiers manuels ne remplacent pas le sport, et les personnes qui ne voient dans le sport que le mouvement physique peuvent ainsi se rendre compte que tout un côté de la question leur échappe.

XII

Vous me pardonnez peut-être de ne pas vous en dire long sur l'université de Chicago, qui est baptiste, possède environ 700 étudiants et beaucoup de milliers de dollars, et, par ailleurs, n'a rien de bien remarquable, mais vous m'en voudriez certainement de ne pas vous mener aux Abattoirs. Paris, c'est la place de la Concorde ; Pétersbourg, c'est la Perspective Newski ; Vienne, c'est le Ring, et Chicago, ce sont les Abattoirs. Ainsi l'ont décidé les voyageurs. Mais les voyageurs se trompent parfois et j'avouerai que les belles rues de Chicago, les beaux chevaux qu'on y rencontre, l'animation brillante, les larges trottoirs et les étalages qui resplendissent me paraissent infiniment plus intéressants que les bouges ignobles où les cochons, les bœufs et les moutons sont transformés en conserves et en saucisses.

C'est fort loin, tout à l'extrémité de la ville; après avoir changé trois fois de tramways, on arrive dans un quartier boueux, coupé de terrains vagues et peuplé de pochards. Un portique crénelé, d'aspect féodal, donne entrée dans une interminable rue bordée de parcs à bestiaux; de longs passages surélevés servent à conduire les victimes d'un parc dans un autre; des hommes à cheval, armés de fouets, les poussent devant eux. Un peu au delà, des bâtiments de brique : la banque, les restaurants, les bureaux; des petits chevaux à longs poils portant de lourdes selles mexicaines sont attachés là, pendant que les cowboys tripotent de l'argent ou avalent du whiskey. En approchant des abattoirs, c'est un désordre sans pareil; des locomotives passent entre les maisons; on aperçoit des troupeaux sur les passerelles à 30 pieds en l'air. Une odeur nauséabonde filtre à travers les murailles de bois des « maisons de carnage ». A l'intérieur, le sang ruisselle et des fumées chaudes tournoient au plafond. On grimpe après des échelles immondes, on est éclaboussé à chaque instant, et, là-bas, les cochons continuent de tomber dans l'espèce de piscine où on les lave et d'où, ensuite, on les retire pour les « parer ». Après quoi, ils s'en vont sécher dans de longues galeries lugubres. Tout cela se fait très en hâte, comme si la ville allait être menacée d'une grande famine !

XIII

Chicago s'illumine : l'électricité bleue ou jaune brille de tous côtés; on dîne en musique dans les hôtels, et les théâtres ouvrent leurs portes. C'est l'heure du repos pour l'homme occupé que les entrevues, les rendez-vous, les affaires ont tenu tout le jour enfermé dans une muraille de faits; il a calculé, supputé, raisonné, et le voici maintenant qui sort du nuage de poussière dans lequel il a vécu; il donne un dernier regard à ses paperasses, expédie un dernier visiteur, écoute une dernière doléance et, constatant joyeusement qu'il a fini sa besogne de vingt-quatre heures, il s'en va se délasser à une table luxueuse, à quelque spectacle gai, à quelque fête brillante. Sa femme, elle aussi, a passé sa journée dans le *pratique* et l'*immédiat*; elle s'est occupée de ses enfants, de sa maison, de ses œuvres et, aux visiteurs qui se présentaient, elle a fait répondre cette phrase si simple et qui, chez nous, paraîtrait si incorrecte : *Mrs *** begs to be excused.* Elle vous prie de l'excuser; elle n'a pas le temps de bavarder avec vous; elle n'est pas libre. Et s'il lui reste un peu de loisir ce sera pour lire les revues, les journaux, se tenir au courant des événements et des découvertes. Elle jouit de cette vie qu'elle aime; la fortune lui sourit et demain peut-être ce sera la ruine; elle le sait et ne s'en inquiète pas. La femme qui fait son service est son égale; elle n'en doute pas et ne s'en étonne pas. Rarement, dans ses prières, elle demande quelque chose à Dieu; elle lui rend hommage parce qu'elle croit en lui, mais l'idée ne lui vient pas de l'intéresser à son bonheur. Le mari, lui, partage cette croyance un peu platonique; il sait qu'il a une *mission* à remplir en ce monde et cette mission, il vous la définit en trois mots : être honnête, charitable, et faire des affaires ; moyennant quoi, Dieu sera content.

Après tout, c'est un idéal, cela! seulement,

nous autres Européens, nous avons de la peine à le comprendre. La Grèce a poursuivi la perfection de l'individu par l'harmonie de ses diverses facultés. Le moyen âge a prêché l'ascétisme, c'est-à-dire l'âme asservissant le corps, son ennemi supposé ; ensuite, a paru l'idéal militaire, et maintenant, c'est l'activité qui domine. En somme, qu'on se batte contre les choses, contre les hommes, contre les événements ou contre soi-même, c'est toujours une lutte et la lutte est noble [1].

[1]. Dans une ville d'Amérique où j'ai passé deux semaines, j'étais piloté les premiers jours par un Français fixé dans le pays par son mariage. « Nous déjeunerons à l'*Union Club*, me dit-il un matin, en manière de programme, et puis mon ami Williams nous fera voir ses chevaux de course qui sont au Pavillon des chasses, hors de la ville. » Avant de déjeuner à l'Union Club, nous allâmes prendre l'ami Williams. Il vendait du madapolam dans une petite rue pleine de boutiques, de réclames et de mouvement. La devanture ressemblait à toutes les devantures ; le nom de *Williams and C*[o] s'y étalait en lettres d'or ; l'intérieur était vaste, en forme de galerie, avec des comptoirs très longs, beaucoup d'employés, quelques acheteurs et des piles invraisemblables de tous les madapolams existant à la surface du globe. A droite, en entrant, se trouvait la caisse ; assis sur un siège mobile, très élevé, un jeune homme d'environ trente ans, élégamment vêtu, l'air distingué, donnait des acquits : il leva les yeux, nous salua d'un sourire et continua sa besogne, non sans dire à mon compagnon entre deux signatures : « Superbe journée hier ! mon cheval a sauté magnifiquement. » — L'image de ce cheval de prix sautant ces comptoirs et ces piles de madapolam me resta longtemps dans l'esprit.

XIV

Faire des affaires pour soi, cela n'exclut pas d'ailleurs un dévouement profond au bien public. Cet homme occupé n'a pas été égoïste depuis sept heures du matin jusqu'à sept heures du soir; il a mené son usine, donné des ordres à ses correspondants, joué à la bourse; mais, en plus de cela, il a siégé dans des commissions, parlé en public, fondé de ces œuvres d'initiative privée qui prospèrent si rapidement. Le mouvement des idées n'est pas inférieur au mouvement des affaires et les savants eux-mêmes (car il y en a) sont emportés par le tourbillon. On imprime tout, on publie tout, on a soif de progrès scientifique. Des documents insignifiants sont mêlés à des études de premier ordre; des renseignements puérils sont joints à des statistiques du plus haut intérêt; on ne sait pas choisir, on veut tout embrasser, tout savoir.... Un brave professeur, dans un meeting, demande au pays une trentaine de millions pour fonder une université monstre où, à l'aide de traitements invraisemblables, on réunira les maîtres les plus en renom du monde entier. Comme le bon sens perd rarement ses droits, l'auditoire se rend compte que le projet est chimérique et ne l'adopte pas. Mais l'orateur a donné la note de toutes les ambitions, de toutes les ardeurs, de tous les désirs de cette société dévorée de zèle, qui veut s'approprier tout ce que l'univers possède *et surtout tout ce qu'il sait!* Voilà ce qui fait de Chicago la vraie capitale de l'Amérique; c'est qu'elle est le centre de l'américanisme, qui n'est pas, comme on se le figure trop souvent, une folie transitoire, un détraquage social, ou bien un accès d'exubérance juvénile, mais, qui représente une phase parfaitement logique et déterminée de l'évolution humaine. L'américanisme est le résultat d'une triple combinaison de race, de sol et d'époque; il a fallu le sang anglo-saxon, le continent immense et fertile, le siècle savant et chercheur, pour le produire. Il envahit peu à peu. Les Canadiens n'échappent pas à son influence; les États du Sud, que l'abolition de l'esclavage a ruinés, revivent par son souffle; les contrées lointaines, la République Argentine, le Chili, lui confient leur avenir; et, de même que la météorologie nous annonce les bourrasques qui nous viennent de l'ouest à travers l'Océan, de même des symptômes nombreux font pressentir sa venue dans nos vieux pays d'Europe. Déjà il nous a transformés, nous autres Français, d'une façon bien plus profonde que nous ne le supposons. Il détruit nos légendes, il bouleverse nos sentiments, il trouble notre vue, mais il est impuissant contre les âmes, contre les patries et contre Dieu. C'est simplement un état nouveau, sous lequel on peut, comme sous tous les états, tendre à la perfection; une force, que l'on peut, comme toutes les forces, comprendre, régir et utiliser.

XV

Quand les brumes jaunâtres se promènent dans les rues, Chicago ressemble à Londres. Saint-Louis ressemble à Chicago avec une nuance de laisser-aller et quelque chose de moins posé, de moins puissant; son essor semble lent et pénible, comme le cours du fleuve qui transporte ses navires. Le Mississipi en cet endroit roule ses flots sablonneux entre des berges plates dont rien n'interrompt les lignes monotones. Sa largeur n'est pas considérable et il porte aussi mal que possible son titre de Père des Eaux.

Deux universités se partagent la jeunesse studieuse de Saint-Louis. L'une, la plus ancienne, appartient aux jésuites; elle date de 1832 et tout récemment s'est transportée dans de beaux édifices gothiques élevés avec le produit de la vente des terrains qu'occupaient les anciens bâtiments, au centre de la ville. Les élèves viennent chaque jour à huit heures et demie ; les catholiques assistent à la messe, et c'est, bien entendu, la majorité. Ils sont libres à deux heures ; c'est la même organisation qu'au *Boston College* et je retrouve aussi la même indifférence à l'égard des jeux, des associations, de la vie universitaire. Les élèves qui sont cette année 425, appartenant aux classes préparatoires et à l'université proprement dite, se groupent s'ils le désirent pour ces divers objets. Mais leurs maîtres s'en désintéressent ; ils ne prêtent leur concours qu'à une société littéraire et à une congrégation de la sainte Vierge.

L'université Washington est plus entreprenante. Elle a été fondée en 1853 et on l'a inaugurée en 1857. Depuis cette époque, elle s'est accrue d'une faculté de droit, d'une école polytechnique, d'une école des beaux-arts et d'une école de botanique. Elle a aussi trois annexes : la *Smith Academy*, qui est une école préparatoire pour les garçons, le *Mary Institute*, pour les filles, enfin le *Manual Training School*, destiné à former des « ouvriers supérieurs », c'est-à-dire des forgerons, des charpentiers, des ébénistes qui sauront également l'algèbre, la géométrie, les sciences physiques, l'économie politique, l'histoire et la géographie, et qui manieront leur langue aussi facilement et aussi élégamment que le bois et le fer. Les fondateurs de cette institution ne paraissent pas avoir voulu donner à des ouvriers une teinture littéraire et scientifique, mais, bien au contraire, donner à des étudiants l'habitude des travaux manuels. C'est, à leurs yeux, le moyen de rendre l'éducation « plus symétrique »; ils cherchent ainsi à relever moralement le travail manuel et à le mettre presque sur le même rang que le travail intellectuel. Il y a une forte dose d'utopie dans leurs déclarations et un peu d'obscurité; on a multiplié les explications et les détails dans le prospectus, sans arriver à donner une idée bien nette du but poursuivi, et cependant il est certain que le *Manual Training School* répond à un courant; l'avenir établira si ce courant correspond à un besoin. Les universités ouvrières existent déjà; on peut donner ce nom à ces sociétés anglaises qui ont prospéré si rapidement et qui répandent partout la haute culture, jusqu'ici réservée aux classes privilégiées. Elles accomplissent une œuvre de vraie et saine démocratie et, d'autre part, il y a longtemps que, dans les écoles anglaises, on met des outils et des instructeurs à la disposition des élèves, afin qu'ils sachent remuer leurs doigts. Je trouve cela excellent, mais aller au delà, c'est tomber dans l'exagération.

L'école des beaux-arts à l'université Washington est la plus remarquable de ce genre que j'aie vue en Amérique. Il est vrai qu'elle est entre les mains d'un véritable artiste, qui n'a pas seulement pour l'art cette admiration un peu béate et irraisonnée de certains enrichis, mais qui possède l'instinct et le goût des belles choses. Quand il achète un de nos tableaux pour son musée naissant, il sait fort bien pourquoi il l'achète et quel parti il en tirera; mais il ne se borne pas aux tableaux. Il a rapporté de Dijon une cheminée monumentale d'un style assez pur et, sous sa direction, ses élèves l'ont réparée; puis ils lui ont assorti des meubles de toute sorte, un plafond, des boiseries, des portes et l'appartement complet ainsi formé a, ma foi, très bonne tournure!

XVI

Je me suis amusé à faire le relevé des diverses professions embrassées par les élèves du *Manual Training School*. Sur les trente qui composaient la promotion de 1884, il y en a cinq ingénieurs, onze dans les affaires, quatre dans l'enseignement; deux sont ouvriers; les autres exercent les métiers les plus divers, commis voyageurs, fermiers, employés de commerce…. Quelques-uns ont poussé plus loin leurs études libérales.

L'université Washington, avec ses annexes, représente une population de 1 400 élèves; elle deviendra sans doute un centre intellectuel de premier ordre. Jusqu'ici, on ne s'est pas préoccupé de la loger magnifiquement; elle a ce qu'il lui faut, y compris un gymnase, mais elle ne paye pas de mine et paraît tenir avant tout à la valeur de ses diplômes, ce qui est d'un bon augure. Par là, elle se rapproche quelque peu des universités du Sud et de l'Ouest, où toutes les forces et toutes les ressources sont tournées vers la science; tendance heureuse, si toutefois la multiplicité des connaissances ne nuit pas à leur profondeur !

XVII

Ce matin, nous avons passé l'Ohio. Le train parcourt une région d'aspect assez misérable : des villages sont disséminés à droite et à gauche : aux stations, des nègres et des négresses revêtus de toutes les couleurs de l'arc-en-ciel viennent nous adresser quelques grimaces. Tous les mêmes, ces villages : un grand bazar à toit plat, un hôtel, des chevaux sellés. Puis les bois reprennent, coupés de prairies à longues herbes. Des lianes commencent à enserrer les arbres. Dans le car, on cause; les gens ont l'air plus aimables et moins affairés. Le domestique nègre est plein de prévenances; il vient nous offrir ses services de temps à autre, me demande mon âge, s'enquiert s'il y a des wagons-lits en France, et, le soir venu, au moment où le train s'arrête, prononce avec un bon sourire hospitalier, ces mots longtemps attendus : New Orleans! Louisiana!

LOUISIANE

FLORIDE, VIRGINIE

I

Sous un ciel d'une pureté parfaite, par une température presque trop élevée, nous sortons de notre immense hôtel plein de colonnes, de portiques, de lustres et de punaises.... La rue est bordée de galeries-vérandas, sous lesquelles flâne toute une population de mulâtres et de quarterons; les étalages sont à moitié dehors; là-haut courent les fils télégraphiques qui, avec les tramways et le drapeau étoilé, indiquent seuls l'Union américaine; pour le reste, c'est le Sud avec sa douce et facile insouciance. Nous gagnons Canal street, qui est la principale artère de la cité. Au centre, il y a des herbes folles et de grands arbres; sous les vérandas, de nombreuses boutiques. Peu à peu, les maisons s'éclaircissent; puis vient un quartier pauvre;

les égouts en plein air sont d'infects marécages pleins de détritus. Des négresses débraillées bavardent ou s'injurient d'une porte à l'autre. Des magnolias, des palmiers, des bananiers détachent sur l'azur leur feuillage exotique.

Il n'y a pas de port proprement dit, mais un plancher interminable posé sur des pilotis et sous lequel les flots du Mississipi viennent mourir doucement. Cinq cents bateaux sont amarrés, l'arrière au quai. Ils ont amené par la voie du fleuve ces balles de coton que les navires d'Europe vont emporter. Il y en a de véritables amoncellements, d'où s'échappent des flocons blanchâtres qui flottent en l'air et couvrent le sol d'une sorte de neige. Les bateaux du Mississipi sont larges et plats; la cargaison s'y entasse à l'air libre jusqu'au toit, qui forme terrasse et porte les logements; la machine est à l'arrière : deux longs tuyaux noirs entre lesquels se lit, posé sur un grillage imperceptible, le nom du propriétaire ou le monogramme d'une compagnie de transports, achèvent de leur donner un aspect d'animal méchant et terrible. Rien ne vaut ici le mois de novembre pour l'animation et le pittoresque. C'est l'époque où le coton règne en maître; on le voit passer empilé sur des charrettes que couronne un groupe de nègres chantant des chansons et des bamboulas étranges. La blancheur de la marchandise fait ressortir la peau noire des ouvriers et, sur tout cela, le soleil méridional jette des nuances chaudes et vibrantes. L'arrivée d'un steamer, annoncée à coups de cloche, met tout en mouvement; chacun se précipite pour aider au débarquement.... Sur des barils de café, d'érable ou d'indigo, portant le nom des plantations qui les ont fournis, des marins anglais sont assis gravement qui regardent ce tohu-bohu,... et puis la lumière s'adoucit, décroît très vite, presque sans crépuscule; des fanaux électriques, montés sur des espèces de pyramides aériennes qui ont la forme de la Tour Eiffel, semblent des astres blancs dans le firmament assombri. Il y a des bandes d'or vert là-bas, derrière les arbres, et des moustiques inoffensifs se croisent en l'air, très affairés....

II

Nous voici repartis dès le matin; cette fois nous suivons Canal street jusqu'au bout, jusqu'à d'immenses cimetières remplis de fleurs, d'ombre et de chants d'oiseaux; les monuments de marbre blanc qui parsèment les pelouses sont couverts de sculptures et d'ornements. A l'entrée, sur un tertre de gazon, la statue de bronze du général Johnston à cheval, l'épée étendue, dressé sur ses étriers, regardant au loin vers l'ennemi! Sous le tertre que traverse une voûte de marbre, sont les tombes des soldats confédérés. On n'a pas idée du calme joyeux qui règne là, dans cette enceinte de magnolias, de chênes verts et de lauriers. C'est un monde extravagant, presque un autre univers, le vestibule de l'autre vie ! Un cortège funèbre s'arrête devant un long rectangle de pierre, qui disparaît à moitié sous un manteau de vignes vierges. Il y en a d'autres, un peu plus loin : ce sont des catacombes en plein air. La place occupée par chaque cercueil est fermée par une plaque blanche, sur laquelle on a gravé le nom et l'âge de celui qui dort là.

Sortis de ces cimetières, nous continuons loin, très loin dans la campagne jusqu'à un vieil arbre au tronc noueux, près duquel nous nous reposons. La chaleur est extrême à cette heure de midi ; trois chevaux qui errent librement se sont arrêtés un instant pour nous regarder; ils marchent vers une lisière d'arbres auxquels les lichens donnent une apparence fantastique; ces lichens décolorés, presque gris, s'accrochent partout, même dans la ville; ils s'agitent au moindre souffle comme des chinoiseries pendues là pour quelque fête déjà ancienne, et fanées maintenant. La Nouvelle-Orléans n'est plus visible; à peine distingue-t-on ses fumées qui montent légèrement dans le ciel. Une cabane, à quelque distance, est la seule trace d'habitation; accroupie sur le seuil, une sorcière noire nous fixe avec un mélange de méfiance et d'hébétement; des pelures de banane l'environnent. Mon Dieu! qu'on se sent loin!

III

Le président Preston Johnston, parent de l'illustre général sudiste dont nous avons vu ce matin la tombe, a été lui-même colonel dans l'armée confédérée. Grand, maigre, énergique, il se fait remarquer surtout par sa politesse extrême et son urbanité. Si je croyais à la métempsycose, je jurerais qu'il a vécu jadis à Versailles, sous le grand Roi; et c'est singulier d'entendre des choses très modernes dites dans ce style très ancien, avec un choix d'expressions et une dignité simple qui détonneraient dans tout le reste de l'Amérique. Mais hier, à l'Opéra-Français, où l'on jouait *Mignon*, j'ai déjà noté cet air de suprême distinction; les habits noirs et les robes décolletées rivalisaient de correction et j'avais peine à me figurer que ces femmes au port de reine étaient d'ardentes républicaines, et que ces hommes à la démarche élégante avaient aligné des chiffres tout le jour.

Après la guerre, le colonel Johnston, à l'exemple du général Lee, s'est fait maître d'école. Il a eu la direction d'un collège à Bâton-Rouge, la capitale de la Louisiane. Il l'a quittée pour venir présider l'université Tulane. Depuis 1847, une université existait à la Nouvelle-Orléans, mais elle ne brillait ni par sa richesse ni par le nombre de ses étudiants. Or, au mois de mai 1882, Paul Tulane faisait don à un groupe de ses amis d'une somme de 5 500 000 francs, en leur donnant la mission d'employer cet argent pour le bien « intellectuel, moral et industriel » de la jeunesse louisianaise. On s'entendit avec l'État pour racheter l'université, qui prit le nom du généreux donateur.

Paul Tulane, né en 1801, à Princeton (New Jersey), était venu à la Nouvelle-Orléans à l'âge de vingt et un ans pour y faire fortune. Un travail opiniâtre, une intelligence remarquable et une honnêteté scrupuleuse lui valurent, avec la fortune, l'estime de ses concitoyens d'adoption. Retiré des affaires, il n'eut plus d'autre désir que de leur donner un gage de sa reconnaissance et de son affection ; et, cherchant ce qu'il pouvait faire pour eux, il se tourna vers cette force et cette raison d'être des démocraties : l'éducation.

L'université Tulane comprend la faculté académique (littérature et sciences), la faculté de droit, la faculté de médecine; elle a pour annexes un *high school* et une école pour les jeunes filles. La population scolaire atteint le chiffre de 1100, mais, en dehors de la médecine, les facultés sont peu fréquentées. Sortis du High School, la plupart des élèves, qui sont des fils de ruinés, se mettent à l'ouvrage; leurs enfants, plus fortunés, pourront pousser jusqu'au bout leurs études libérales. On paye 400 francs par an pour l'enseignement et on trouve à se loger dans des boarding-houses pour 100 francs par mois. « Mes jeunes gens, me dit le président Johnston, sont très souples et faciles à manier, et ils ont en même temps les qualités du Nord ! » Qu'ils les possèdent au même degré que leurs rivaux de New York ou de Chicago, j'en doute un peu, mais il est certain qu'ils acceptent crânement leur destinée et prennent, comme on dit « le taureau par les cornes ». Leurs plaisirs favoris consistent à chasser et à pêcher. Ils montent aussi beaucoup à cheval et font du *yachting* sur le lac Pontchartrain. Quelques associations de *football* et de *base-ball* se sont récemment développées, mais les sports *individuels* les passionnent surtout et, comme on peut louer des chevaux et des barques pour presque rien, et que la chasse est à tout le monde, les moins bien partagés peuvent satisfaire leurs goûts athlétiques.

Leurs maîtres font constamment appel à l'honneur. La dose de liberté dont ils jouissent est en raison des engagements qu'ils prennent par écrit de ne rien faire de contraire aux lois de l'université : « Ne signez pas, leur dit-on, si vous ne vous sentez pas de force à tenir votre promesse; mais, pour rien au monde, il ne faut y manquer! » Et plusieurs, en effet, préfèrent s'abstenir. Comme à Amherst, ils sont associés au gouvernement par le choix qu'ils font de délégués chargés de maintenir le bon ordre et la discipline.

IV

M. Paul Tulane a stipulé dans son acte de donation qu'il avait en vue l'éducation des blancs; il n'avait pas besoin de le dire : les jeunes nègres assez osés pour se faire inscrire eussent passé de très mauvais quarts d'heure. Dans le Nord, noirs et blancs sont sur le même pied; on voit même de nombreuses écoles mixtes et le préjugé de race s'en va déclinant de plus en plus vite. Mais ici il subsiste dans toute sa force. Les nègres ont leurs cafés, leurs cars réservés dans les chemins de fer, leurs places au théâtre. Partout, ils doivent céder le pas aux blancs, même à l'église! Ils ont la majorité et pourraient, s'ils le voulaient, mettre fin à ces honteuses distinctions; mais ils sont insouciants, désunis et très timides. L'esclavage les a laissés soumis à leurs anciens maîtres, et sans doute il faudra du temps pour que le sentiment de l'égalité vienne aux uns et aux autres.

Quoi qu'il en soit, la *question nègre* préoccupe à bon droit les hommes d'État américains et leur fournit, de temps à autre, l'occasion de mettre au monde des projets excentriques. Un sénateur a proposé de les reconduire tous en Afrique : « C'est leur patrie d'origine, a-t-il dit; quelle glorieuse mission pour eux d'apporter à leurs frères restés dans la barbarie la civilisation qu'ils tiennent de nous! » J'espère qu'il se sera trouvé quelqu'un pour rire au nez du facétieux sénateur; en tout cas les nègres ont ri jaune! à la pensée de cette « glorieuse mission ». Vis-à-vis des noirs, les blancs se croient tout permis; ils trichent aux élections dans le dépouillement des bulletins et ne craignent pas de s'en vanter ouvertement. En cas de querelle, le noir a toujours tort; on lui parle comme à un chien et chacun fait de son mieux pour lui donner une idée bien nette de son infériorité; or cette infériorité n'est rien moins que prouvée. Après tant d'années de servitude, il n'est pas surprenant que l'intelligence soit lente à s'ouvrir. Dans les écoles les petits nègres apprennent à merveille et témoignent d'une grande facilité au travail. Puis cela s'arrête subitement ; ils ne vont guère au delà d'une certaine limite, mais cette limite recule peu à peu ; en Europe, d'ailleurs, nous avons maints exemples, dans nos écoles, d'élèves nègres remportant les premiers prix et passant brillamment leurs examens. J'ajouterai que, le plus souvent, ces élèves, par leur aimable caractère et leur enjouement, se sont fait aimer de tous leurs camarades et sont devenus des favoris. C'est qu'en effet ils sont sympathiques, plus sympathiques que les êtres malpropres et pochards qui se sont parfois assis auprès de moi dans les chemins de fer d'Amérique, et auxquels j'aurais préféré comme voisins des nègres bien mis.

V

Rien de plus pittoresque et saisissant que le paysage qui s'offre aux regards des voyageurs entre la Nouvelle-Orléans et Mobile. La voie traverse des savanes et des forêts, ou bien suit le golfe du Mexique, dont les eaux laiteuses contrastent avec la verdure sombre des pins. Le sol est constamment détrempé; çà et là un cours d'eau a eu la force de se faire son lit et serpente dans les herbes; mais la plupart des sources se répandent au hasard, sous les arbres, sans direction; les racines contournées se reflètent dans le miroir liquide et toujours les lichens gris, ces longs effilés de deuil, pendent, mêlés çà et là à des lianes verdoyantes. La côte est très découpée et peu peuplée. Quelques villages pourtant, où le train s'arrête;

des enfants nous vendent, pour cinq sous, des branches d'oranger portant de gros fruits jaune d'or dont le parfum emplit le wagon ; et nous voici dans l'Alabama, dont le nom poétique signifie : *Here we rest*, « Ici, nous nous reposons ». Nous ne nous y reposons que 15 minutes, le temps de dîner avec un tas de petits plats qui rappellent la cuisine japonaise de Mme Chrysanthème.

VI

Le déjeuner du lendemain a lieu en pleine campagne, dans une petite auberge toute basse, entourée d'énormes bananiers. Les murs sont blanchis à la chaux; il y a sur la table une nappe blanche et bleue, de grands bols de lait et des petits gâteaux à la noix de coco. Le mécanicien et le conducteur mangent avec nous en jetant par-ci par-là un regard vers les wagons, arrêtés à cinquante mètres et à moitié dissimulés par la verdure. Un énorme perroquet raconte des histoires très drôles....

VII

Tallahassee est la capitale de la Floride, mais Jacksonville en est la principale cité. Ses avenues sablonneuses, ses squares trop grands, ses innombrables hôtels où s'entassent, pour l'hiver, des malades, des détraqués et des rhumatisants lui donnent un aspect très caractéristique et peu attrayant. Mais c'est un centre d'excursions; des vapeurs remontent la rivière Saint-Jean, un chemin de fer joujou conduit à Saint-Augustin et un autre vous dépose en trois quarts d'heure sur la plage de Pablo-Beach.

A cette époque de l'année, Pablo-Beach est désert, absolument désert, à ce point que nous n'y pouvons trouver que des oranges et des cigarettes. Mais il y a l'Océan vide et indéfini, la plage de sable et un arrière-plan de palmiers nains; il n'en faut pas tant pour passer agréablement deux heures. Quant à Saint-Augustin, c'est un Éden de deux mille habitants l'été, de dix mille l'hiver : c'est aussi la plus vieille fondation européenne de toute l'Amérique. L'Espagne y a laissé l'empreinte de son architecture, mais non de sa malpropreté. L'Amérique, elle, n'y a rien apporté, ni affaires, ni bourse, ni mouvement commercial. Les indigènes sont de braves pêcheurs décoratifs qui louent des bateaux et vendent des curiosités; la municipalité n'a d'autre souci que d'embellir les places publiques; il n'y a pas de lourdes charrettes pour défoncer les rues ou écorner les trottoirs : tout est frais, joli, élégant, soigné ; quant aux hôtels, ils défient toute description : nulle part au monde il n'en existe de pareils. Bâtis en pierres grises et polies qui ont le reflet du marbre, couverts d'ornements de terre cuite du plus gracieux effet, ils empruntent aux styles hindou et mexicain des lignes originales et hardies, à la Renaissance ses bas-reliefs et ses chapiteaux, au plein cintre ses arcs de cercle.... Bref, ce sont des œuvres absurdes, conçues en dehors de toutes les règles, mais, par ailleurs, séduisantes au suprême degré et inimitables. L'hôtel Ponce de Léon est entouré d'un jardin exotique qui fait rêver. L'hôtel Cordoba évoque l'image d'un palais des *Mille et une Nuits*. L'hôtel Alcazar possède une cour intérieure où jouent des fontaines et une piscine immense bordée de promenoirs. Tout cela resplendit sous le ciel bleu, sous les reflets chatoyants de la lumière vive; c'est une féerie, une magie, un éblouissement.

A l'extrémité de la petite ville, un vieux fort construit en 1756, sous le gouverneur espagnol don Alonzo Fernando Herida, dresse ses bastions et ses tours. L'eau de l'Océan vient caresser les contreforts; une grande île plate ferme la rade et au delà on aperçoit les crêtes d'écume des vagues. Tout près du fort, de gros poissons se montrent par instants, faisant mille cabrioles; tout le monde flâne et s'amuse ici, même les poissons. Des vélocipèdes, des chevaux sellés attendent les promeneurs. Quand la saison battra son plein, ce sera bien autre chose. Il y aura un mouvement inouï dans les rues et des fêtes presque chaque soir. Les jeunes gens flirteront et les maîtres d'hôtel saleront les notes.

VIII

Dans le car qui va nous ramener à Jacksonville, il y a une femme d'environ quarante ans, vêtue avec élégance; son visage est très légèrement teinté, si légèrement que je ne m'en aperçois pas tout d'abord. Mais au moment où le train va s'ébranler, le conducteur lui parle à l'oreille; elle fait signe que non; il insiste et élève la voix, et bientôt chacun comprend le sujet de la querelle. Cette femme a un peu de sang nègre dans les veines; sa fortune, sa distinction ne la mettent pas à l'abri de la loi. Il faut qu'elle émigre dans le car des nègres, qui est aussi celui des fumeurs, qui est sale et inconfortable. Elle proteste; alors le conducteur appelle son camarade et, sans plus de façons, ils la prennent sous les bras et, comme elle est lourde, la traînent jusque dans l'autre car. Devant cette scène ignoble, quelques Américains qui sont là se contentent de ricaner grossièrement. Si les États du Sud sont assez stupides pour maintenir encore quelque temps cette législation ingénieuse, il est à croire qu'ils finiront par le payer cher; à moins que le gouvernement fédéral ne se décide à intervenir et à leur donner le fouet comme aux enfants méchants.

IX

Le coucher du soleil s'opère, en Floride, avec une majesté et une splendeur incomparables. On commence par étendre des tapis de pourpre sur le chemin de l'astre royal; au-dessus de lui, il y a comme un dais immense d'étoffes bleues et violettes; il s'enveloppe alors dans des voiles transparents couleur d'opale, et se retire : tout aussitôt paraît une longue bande d'un vert surnaturel, profond, pailletée d'or et brillamment éclairée par en dessous comme la frange d'un rideau de théâtre. A ce moment précis, les étoiles se mettent à scintiller, les pins deviennent tout noirs et le vent fait de la musique dans les palmiers.

X

Nous avons une longue route à faire pour atteindre Charlottesville, siège de l'université de Virginie, située dans les premiers contreforts des Alleghanys, à l'ouest de Richmond. Il faut traverser la Georgie et les deux Carolines. Nous allons faire cette route tout d'une traite; non pas que Savannah, Charleston, Raleigh, soient des villes dépourvues d'intérêt, non pas que ces régions n'offrent de beaux paysages et ne contiennent des institutions dignes d'être visitées, mais il faut nous hâter de gagner Washington et Baltimore, où nous avons beaucoup à voir. Donc pour charmer ces vingt-quatre heures de chemin de fer, je vous proposerai la lecture d'une page d'histoire virginienne, page aussi captivante que peu connue et qui devrait l'être des Français au même titre que des Américains[1].

En Virginie, on se préoccupa de bonne heure de développer l'instruction et les colons résolurent d'en appeler à la métropole pour se faire aider par elle dans cette tâche. En 1691, leur envoyé fut reçu à Londres par Guillaume et Marie, qui régnaient conjointement. Tous deux se montrèrent favorables au projet de fondation d'un collège qui porterait leur nom et ils donnèrent une somme importante. Quant à Seymour, attorney-général, il reçut l'envoyé par un mot demeuré célèbre; comme celui-ci lui représentait que les Virginiens avaient aussi des âmes auxquelles on devait songer : « Des âmes! s'écria Seymour; le diable emporte leurs âmes!... Qu'ils fassent du tabac! » et ce *make tobacco!* resté le mot d'ordre de la politique coloniale anglaise, renfermait le germe de la révolution américaine. Cependant Seymour donna, lui aussi, et le collège de *William and Mary*, fondé à Williamsburg (Virginie), débuta dans l'existence avec une riche dotation. Ce fut une

---

1. Voir les *Études* du professeur H.-B. Adams, publiées par le bureau d'Éducation de Washington.

grande et belle institution, qui exerça sur les destinées de la colonie une influence prépondérante. On s'étonna, dans la suite, de voir ces planteurs se transformer en hommes d'État; on admira l'étendue de leurs connaissances, la netteté de leurs vues politiques; c'est que tous ils avaient fait leurs études au collège de *William and Mary*, qui brillait alors d'un vif éclat. Depuis, les mauvais jours sont venus; des incendies ont détruit les bâtiments; la guerre de Sécession a dispersé les élèves et le pauvre collège tombait en ruines quand, tout dernièrement, le gouvernement virginien lui a rendu la vie en y installant une sorte d'École normale supérieure.

En 1712, le gouverneur Spotswood, écrivant à l'évêque de Londres, mentionne la présence au collège de 20 jeunes Indiens. « Ils ont l'air très heureux, dit-il, et les chefs de leurs nations qui viennent souvent les voir, se lamentent de n'avoir pas reçu, dans leur jeunesse, une semblable éducation. » En 1788, George Washington fut élu chancelier. Le chancelier n'était qu'une manière de Mécène acceptant de patronner et de combler de faveurs le collège qui l'avait élu.

Enfin il est question de William et Mary dans les voyages du duc de la Rochefoucauld-Liancourt, qui parcourut les États-Unis de 1795 à 1797 et rendit compte de sa visite à Williamsburgh.

Cependant Jefferson caressait l'idée de créer dans son pays une université sur le modèle de celles qu'il avait admirées en Europe. Il était revenu enthousiasmé notamment des universités de Genève et d'Edimbourg; il les appelait « les deux yeux de l'Europe ». Sa première pensée fut d'agrandir et de transformer le vieux collège de William et Mary, où il avait lui-même été élevé. Mais il était à peu près libre penseur et l'Église anglicane tenait William et Mary sous sa domination. Il écouta alors les propositions d'un homme entreprenant et singulièrement perspicace, le chevalier Quesnay de Beaurepaire. Ce gentilhomme français avait servi dans l'armée américaine, de 1777 à 1778. Sa santé l'ayant forcé de quitter le service, il parcourut la jeune république, se rendit compte de ses ressources et de ses besoins et résolut de la lier avec sa patrie « par de nouveaux liens de reconnaissance, de conformité dans les goûts et de communication plus intime entre les individus des deux nations ». Son plan consistait dans la création à Richmond d'une « académie française des sciences et des beaux-arts » ayant des annexes à Baltimore, Philadelphie et New York, affiliée aux sociétés royales de Paris, de Londres et de Bruxelles et recrutant, par le moyen de son comité de Paris, les meilleurs artistes, les plus habiles professeurs, les savants les plus en renom de l'Europe. L'idée était simple, bonne et originale; mais l'exécution en fut surtout curieuse. Jamais œuvre d'initiative privée ne fut menée d'une manière plus pratique et plus moderne. Quesnay de Beaurepaire écrivit à Franklin pour obtenir son appui et il fit une souscription publique. La liste des premiers souscripteurs (1780) contient les noms des principaux citoyens de Richmond, Baltimore, Philadelphie, Trenton, Élizabeth, Newark et New York. Le chevalier allait, venait, parlait, écrivait et remuait l'opinion publique, si bien que la *Gazette virginienne* du 1er juillet 1786 put rendre compte de la pose de la première pierre de l'édifice destiné à abriter l'académie. La cérémonie eut lieu en grande pompe le jour de la Saint-Jean, « en présence des dignitaires des loges maçonniques ». Alors Quesnay revint en France, vit le roi et la reine, leur présenta un mémoire, intéressa Lavoisier, Condorcet, Vernet, Beaumarchais, La Fayette, Malesherbes. Bientôt il eut une longue liste d'associés français et anglais et un comité s'assembla pour choisir les professeurs. On sait qu'il désigna, en premier lieu, et engagea pour dix ans un nommé Jean Rouelle, qui n'arriva jamais à destination. La Révolution survint et ce projet grandiose, qui eût assuré à la France des avantages incalculables, fut emporté dans la tourmente. Il fût même demeuré dans l'oubli si le président A.-D. White, en faisant des recherches relatives à l'histoire de la Révolution, n'avait découvert une copie du mémoire présenté à Louis XVI par Quesnay de Beaurepaire. Quant au bâtiment dont la première pierre avait été posée le 24 juin 1786, il devint un théâtre; le feu le détruisit; réédifié, il fut encore brûlé le 26 décembre 1811 et 70 personnes, y compris le gouverneur de l'État, furent ensevelies sous ses décombres; en commémoration de cette catastrophe, on a élevé sur son emplacement une église connue sous le nom de *Monumental Church.*

Cependant Jefferson, n'ayant pas renoncé à son idée, communiqua à Washington une lettre qui lui arrivait de Genève. Par suite de dissentiments avec le parti au pouvoir, les professeurs de la faculté de Genève, au nombre desquels était Saussure, manifestaient le désir de se transporter en corps dans le nouveau monde, sans esprit de retour. Jefferson enthousiasmé demandait des crédits pour aider à la réalisation de ce projet. Washington lui représenta, avec sa sagesse habituelle, les inconvénients et les dangers d'un semblable établissement. Il avait lui-même reconnu la nécessité de fonder une université qu'il se plaisait à définir « une école de sciences politiques et administratives »; il la voulait à Federal City, la capitale qui devait plus tard porter son nom. Son plan est exposé dans le *Traité de l'Éducation nationale aux États-Unis*, que Dupont de Nemours, l'économiste et l'ami de Turgot, écrivit en 1800, pendant son séjour en Amérique. L'université y est désignée sous le nom de « palais du peuple »; elle devra s'élever près du Capitole et en égaler la splendeur; elle aura quatre facultés : médecine, mines, sciences, droit et politique. Pas plus que les autres, le projet de Washington ne se réalisa, mais on aboutit enfin à la fondation de l'université de Virginie, grâce à un jeune homme du nom de Cabell qui rentra aux États-Unis en 1806, après une longue tournée pédagogique en Europe; il avait vécu à Paris, à Montpellier, à Padoue, à Leyden, à Oxford; il avait entendu Cuvier et causé avec Pestalozzi. Jefferson, alors président des États-Unis, se prit d'amitié pour lui et l'engagea à se présenter au Sénat virginien. Cabell y entra, en effet, et y fut le champion des idées de son illustre protecteur. Grâce à lui, on triompha des fédéralistes, du parti clérical et de la jalousie des autres collèges, et l'université de Virginie fut fondée le 6 octobre 1817.

XI

Une prairie rectangulaire, de grandes dimensions, entourée de trois côtés par de longues colonnades, des maisons ornées de péristyles, régulièrement espacées et ouvrant sur ces colonnades, enfin une rotonde énorme précédée d'un portique, tel est l'ensemble des constructions qu'éleva Jefferson. Ce n'est pas sans un certain ahurissement que le touriste reconnaît dans la rotonde une copie très pâle du Panthéon d'Agrippa, qu'il perçoit le long des colonnades les trois ordres de chapiteaux bizarrement mélangés, qu'il saisit enfin, sur les façades des maisons à péristyles, des réminiscences vagues du théâtre de Marcellus, des thermes de Dioclétien ou du temple de la Fortune Virile. Par ces imitations quelque peu maladroites, le fondateur se flattait d'inspirer aux étudiants le goût des belles choses, en même temps que les notions fondamentales de l'architecture décorative, laquelle se bornait, pour lui, à mettre des colonnes partout. La rotonde est une bibliothèque; la place manquant, on lui a ajouté par derrière, comme une queue de comète, une suite de bâtiments qui contiennent des laboratoires, des salles d'examen, un hall pour les réunions solennelles, etc. Du sommet de l'édifice, on saisit d'un coup d'œil le plan de ce « village académique », assis sur un étroit plateau qu'entourent des vallons pittoresques et, plus loin, une ceinture de montagnes. A gauche, sur un sommet, on aperçoit Monticello, la demeure favorite de Jefferson. C'est de là qu'il surveillait la construction de sa chère université; c'est là qu'il rendit le dernier soupir, le 4 juillet 1826, et c'est là que ses restes mortels ont été déposés sous un simple obélisque de marbre qui porte, de par sa volonté expresse, l'inscription suivante : « Ici repose Thomas Jefferson, auteur de la Déclaration d'indépendance des États-Unis et du Statut pour la liberté religieuse, et père de l'Université de Virginie ». Ce sont les titres auxquels il a tenu par delà la mort et, sachant la postérité oublieuse, il les a réduits à trois.... Homme singulier, plein de contrastes, n'ayant ni la force d'âme, ni la puissance de caractère, ni le prodigieux bon sens de Washington, mais remarquable par son activité, sa science et aussi par l'étrange avance qu'il eut sur son temps. Il y a telles idées, telles théories de Jefferson qui aujourd'hui seulement sont appréciées et comprises; la perspicacité humaine a des bornes et ce n'est pas le raisonnement, mais plutôt une sorte de mystérieux instinct qui a fait énoncer par cet Américain du xviiie siècle quelques-uns des principes du xxe.

A Charlottesville, la vie universitaire se concentre sous les colonnades. Les chambres des étudiants ouvrent dessus et aussi les demeures des professeurs. Maîtres et élèves se trouvent de la sorte en contact perpétuel; ajoutez-y cette urbanité du Sud, laquelle n'exclut pas parfois une certaine rudesse, voire un peu de brutalité, et vous comprendrez l'originalité extrême du décor et des personnages. En arrivant, j'ai demandé mon chemin à un jeune homme qui, la main sur le pommeau de sa selle, s'apprêtait à sauter à cheval : Le Dr Venable?... Oh! certainement, il connaît très bien le *colonel* Venable! C'est son professeur de mathématiques. Il faut aller tout droit, monter un peu, tourner sous les colonnades et c'est la troisième maison.... Derrière, il en venait d'autres, vêtus sans prétentions, montés sur de bons petits chevaux solides et ardents. On voit qu'ils ont la passion du cheval, qu'ils s'en vont seuls par les bois pour goûter l'ivresse des longues courses, du plein air et de la saine fatigue.

On ne m'eût pas dit que M. Venable avait servi dans les armées confédérées que je l'aurais deviné sans peine. Ils ont tous, ces officiers du Sud, un visage et une démarche qui les trahissent. Ils sont calmes, nobles, un peu tristes, très modernes en même temps et très résolus. On dirait que l'ombre du général Lee a passé sur eux et que l'exemple qu'il a donné est constamment devant leurs yeux.

Derrière un repli de terrain se dissimule une jolie chapelle; ce sont les étudiants qui l'ont élevée; ils entretiennent eux-mêmes le chapelain qui en a la charge et les offices y sont célébrés alternativement pour les presbytériens, les épiscopaliens, les méthodistes et les baptistes. Non loin se trouve une grande salle de lecture avec des journaux et des revues. L'observatoire s'élève sur une colline, au milieu des arbres. A côté, il y a le champ de *football*, très animé à cette heure. Les joueurs se battent avec entrain, mais ils ont, en même temps, une grâce et une aisance dans les mouvements qui rendent le spectacle particulièrement agréable. D'autres jouent au tennis; d'autres sont assis dans l'herbe à regarder leurs camarades. Ils ont près d'eux de grands chiens qu'ils caressent. Et, sur la route, les cavaliers continuent de défiler; tout le monde se salue au passage d'un bonjour amical. Et puis le soir arrive, des brumes descendent dans la vallée, l'humidité s'élève, c'est l'heure de rentrer. Promeneurs, cavaliers, grands chiens, jerseys de couleur, tout cela s'achemine vers l'université, dont les lumières s'allument.

L'élément de liberté matérielle et d'indépendance morale que Jefferson introduisit dans les règlements académiques n'y fructifia pas tout d'abord. La jeunesse virginienne, peu habituée à ce régime, en abusa étrangement; il y eut des orgies, des désordres de tous genres et enfin, le 12 novembre 1840, à la nuit, un étudiant tua d'un coup de revolver le professeur Davis. Il est à croire que ce crime abominable contribua puissamment à la réforme qui s'est accomplie; aujourd'hui Charlottesville est, comme ses sœurs du Nord et de l'Ouest, un asile de paix et de travail; 439 jeunes gens suivent les cours et, sur ce total, 433 viennent des États du Sud et 6 de l'État de New York. Leurs dépenses sont peu considérables : en 1889, la moyenne a été de 2 750 francs; le maximum, de 5 365 francs, et le minimum, de 1 425. Leurs ressources sont en proportion. Ils n'ont plus d'esclaves, leurs parents n'habitent plus de luxueuses maisons et presque tous ils ont leur chemin à faire. Il leur est resté une sorte de fierté aristocratique, qui d'ailleurs ne va pas à l'encontre des sentiments démocratiques américains. Ils en traduisent les impressions à leur manière dans les discussions auxquelles ils prennent part, ou dans les articles qu'ils publient. J'ai noté, dans l'un des derniers numéros du *Virginia University Magazine*, une protestation éloquente contre la naturalisation rapide des émigrants. L'auteur s'indigne qu'on prodigue de la sorte ce « glorieux titre » de citoyen américain. On sent se réveiller en lui les instincts orgueilleux de la vieille Virginie.

Les *Fraternités*, ces sociétés secrètes dont j'ai déjà parlé, sont très nombreuses ici. Le cours n'a pas une durée limitée. Dans les matières enseignées, chacun fait son choix. On étudie les lettres, les sciences, le droit, la médecine, les sciences industrielles, la pharmacie et l'agriculture. On joue au *foot-ball* et au *base-ball*, on rame, on nage et surtout on monte à cheval; on fait aussi de la gymnastique, mais sans grand enthousiasme.

XII

A Lexington (Virginie), fut établie définitivement en 1803 une université qui devait porter les deux plus beaux noms de l'Amérique : celui de Washington et celui du grand vaincu de la guerre de Sécession, Robert Lee. Elle s'appela d'abord *Augusta Academy* et ne donna qu'un enseignement restreint. En 1776, au lendemain de la Révolution, on changea son titre en celui de *Liberty Hall*. En 1796 George Washington la dota richement et, en reconnaissance de ce don, *Liberty Hall* devint *Washington University*. Enfin, le 2 octobre 1865, le général Lee en fut élu président et il occupa ce poste jusqu'à sa mort, qui arriva cinq ans plus tard. Depuis lors, l'université s'appelle *Washington and Lee* et elle garde le souvenir de son chef illustre.

Des historiens sympathiques[1] nous ont raconté son existence noble et droite, les prodiges de son énergie surhumaine, sa religion pure et sereine, son patriotisme ardent et sa volonté toujours maîtresse d'elle-même. Ils nous l'ont dépeint dans la retraite où s'écoula son enfance, partageant ses premières années entre son dévouement à sa mère et sa passion pour les exercices du corps; puis, à West Point, cavalier intrépide, travailleur infatigable déjà entouré des marques de respect de ses camarades; puis encore dans la campagne contre le Mexique, exécutant ce merveilleux passage du Pedrigale qui livra Mexico à l'armée des États-Unis.

La crise approchait; l'élection d'Abraham Lincoln à la présidence fut le signal d'un déchirement qui devait se produire tôt ou tard et dont l'abolition de l'esclavage n'était pas la seule cause, loin de là. La Caroline du Sud, le Texas, le Mississipi, la Floride, bientôt suivis de l'Alabama, de la Géorgie et de la Louisiane, se retirèrent de l'Union et formèrent la ligue des États-Confédérés d'Amérique, sous la pré-

---

[1]. Voir notamment le beau livre de Mme Boissonnas, intitulé : *Un Vaincu.*

sidence de Jefferson Davis. La Virginie restait neutre et Lee, ayant des amis dans les deux camps, sollicité par les uns et par les autres, à cause de sa haute situation et de ses grandes qualités, donna sa démission. Le gouvernement fédéral avait répondu à l'acte de sécession en déclarant qu'il rétablirait l'Union à tout prix. Un décret présidentiel ordonna la levée du contingent virginien. C'en était trop. La Virginie se retira de l'Union : le pacte fédéral lui en donnait le droit; mais que de maux eussent été évités si cette « mère des États » n'avait point pris parti dans la querelle! Le jour où le sol natal se trouva envahi, le général retira son épée du fourreau et marcha où l'appelait son devoir de Virginien.

Dans cette guerre de quatre années, on sait ce qu'il déploya de vigueur et de talent, à quel point il se montra savant tacticien et puissant organisateur. Mais ce n'est pas à son héroïsme et à sa science militaire que la foule rendit hommage. Il y eut tant de héros dans ces batailles! et la tactique touche peu les masses. Non! en présence de cet homme dont l'intelligence était sans éclipses, la volonté sans hésitation, la modération sans défaillances et la charité sans bornes, chacun se sentit empoigné. Le soir de la capitulation suprême, épuisé par les privations, la famine et la douleur morale, il traversa les rangs de ses vainqueurs; tous les fronts se découvraient devant lui; et il entra dans Richmond acclamé comme un triomphateur. Étrange triomphe : il y avait des larmes dans tous les yeux, l'incendie achevait de dévorer la ville et les habitants étaient vêtus de deuil !

Quatre mois durant, l'ovation continua. On stationnait sous ses fenêtres pour le voir; des adresses lui arrivaient de tous les points de l'Amérique et de l'Europe; sa maison devenait un lieu de pèlerinage; son nom était sur toutes les lèvres. L'Angleterre lui offrait asile et fortune, mais il voulait donner l'exemple et rester à son poste. La tentation d'émigrer n'était que trop puissante pour des hommes vaincus et ruinés et tous ses efforts tendaient à les retenir dans leur patrie. Il puisait une consolation à sa douleur dans ce patriotisme à deux faces qui remplit les cœurs américains : la Virginie était battue, mais les États-Unis étaient sauvés!

Il mourut à l'âge de 63 ans, le 12 octobre 1870, entouré jusqu'au bout des témoignages d'affection de ses compatriotes, qui se pressèrent autour de son cercueil. Ses élèves l'avaient adoré comme jadis ses soldats; on l'avait vu refuser la pension que la Virginie voulait lui assurer; on l'avait vu signer, le premier, la demande d'amnistie et « il était arrivé à ce point de vertu chrétienne qu'on se sentait meilleur à le voir, à l'entendre, à songer à lui [1] ».

1. Mme Boissonnas, *Un Vaincu*.

XIII

... Et, comme j'y songeais, précisément les journaux m'ont apporté la nouvelle de la mort de Jefferson Davis, le premier et l'unique président des États-Confédérés. Il vivait dans la retraite près de la Nouvelle-Orléans. Emprisonné à l'issue de la guerre, il eut à subir un procès que le président Johnston arrêta. Le temps a passé sur ces choses et cette mort ne réveille plus les haines de jadis.... Lincoln, celui que la voix populaire désigna sous le nom de « l'honnête Abraham », dort son dernier sommeil dans l'Illinois, sa patrie; la statue de Lee s'élève à Lexington; l'Hudson coule devant la tombe du général Grant et Jefferson Davis repose sur les bords du Mississipi, là-bas, dans le grand cimetière plein de fleurs et de chants d'oiseaux, à l'ombre des magnolias, des chênes verts et des lauriers! On l'y a conduit hier en grande pompe, au milieu d'un brillant cortège et, pour la dernière fois, l'étendard confédéré a paru côte à côte avec le drapeau étoilé des États deux fois unis!

WASHINGTON

ET BALTIMORE

I

Quand Washington se composait d'un Capitole entouré de terrains vagues, il paraît que MM. les attachés des légations étrangères s'y ennuyaient de tout leur cœur. Mais tel n'est plus le cas. Une société choisie, moins littéraire qu'à Boston, moins financière qu'à New York, moins américaine qu'à Chicago, mais reflétant dans sa diversité ces trois caractères, a fait de Washington son quartier général. De jolies maisons se sont élevées, des clubs se sont fondés, des salons se sont ouverts. Et, pour rendre la ville digne de ses nouvelles destinées, les édiles ont véritablement fait merveille. Il y a de larges trottoirs, des rues bien pavées, et à tous les carrefours de jolis monuments entourés de fleurs :

statues de généraux ou de politiques, fontaines élégantes, colonnes commémoratives. On dirait un riche musée dont les collections auraient été éparpillées en vue de quelque fête. Les avenues sont bordées d'arbres. D'immenses drapeaux flottent au sommet des édifices publics. Et, quand le soleil s'en mêle, tout cela a l'air gai, content, heureux d'être au monde.

Sur une colline, s'élève le Capitole précédé d'escaliers immenses et dépassant lui-même par ses dimensions tous les Parlements du monde. C'est le dôme du Panthéon sur la colonnade du Louvre; un dôme géant sur une colonnade géante, et tout cela est fait de marbre blanc. Les proportions sont telles et le cadre est si beau qu'on est pénétré d'étonnement lorsqu'on atteint le sommet de la terrasse. D'en bas, rien ne faisait prévoir un spectacle aussi grandiose. Pennsylvania Avenue partant du Capitole atteint la Maison-Blanche, dont on aperçoit au loin les portiques présidentiels; à droite, des collines boisées; en face et à gauche, le Potomac roulant ses flots sablonneux sur lesquels l'obélisque élevé à la mémoire du Père de la Patrie détache ses arêtes d'argent. Les espaces intermédiaires sont semés de clochers, de squares, de constructions de toute espèce au travers desquelles se devine encore le plan primitif, cette gigantesque patte d'oie imitée de Versailles et composée d'avenues rayonnant autour du Capitole, comme elles rayonnent autour du palais de Louis XIV.

II

Il y a ici en ce moment beaucoup de personnages politiques. L'ouverture de la session approche et les députés commencent à arriver. Il y a aussi une conférence internationale maritime dont on parle fort peu parce que le congrès panaméricain l'a complètement éclipsée. Il y a encore un ménage dramatique anglais, M. et Mrs Kendall. Le journal m'apprend chaque matin quelle robe Mrs Kendall portait la veille et, aux réceptions que l'on donne « pour avoir le plaisir de la rencontrer », chacun se met à la file dans l'espoir d'obtenir un entretien de trois secondes. A l'une de ces réceptions, je vis pour la première fois M. James Blaine, secrétaire d'État, c'est-à-dire premier ministre du gouvernement actuel. Les haines et les affections également violentes dont on l'honore selon le parti auquel on appartient attestent sa haute valeur. C'est, en effet, un tacticien redoutable, et la façon dont il a conduit la dernière campagne présidentielle est tout simplement le chef-d'œuvre de l'art électoral. Il ne voulait pas être président, mais il voulait être premier ministre, ambition très compréhensible pour un chef de parti, mais qu'il fait difficilement admettre par ses partisans. M. Blaine alla donc se promener en Italie, les mains dans ses poches, de l'air d'un citoyen qui a renoncé aux pompes et aux œuvres de la popularité; mais le télégraphe le tint au courant des moindres fluctuations de l'opinion et il dirigea de là-bas beaucoup plus librement qu'il ne l'eût fait de son cabinet. Puis, le candidat désigné, il revint et assura l'élection par son activité prodigieuse et par son habileté à profiter des moindres fautes de ses adversaires. Toutefois ce serait lui faire peu d'honneur que de voir en lui un simple faiseur de présidents; M. Blaine a des visées plus hautes et plus nobles et sa renommée ira croissant dans l'avenir, même si la mort l'enlève demain à ses fonctions. Il a ouvert la porte et indiqué la voie, juste au moment où son pays s'avisait de chercher une issue ; il a esquissé une politique à l'instant précis où ses compatriotes éprouvaient le désir d'en avoir une. Et nos petits-enfants diront : le plan de Blaine, comme nous disons : le plan de Henri IV. Notez que, dans l'esprit de celui qui les combine aussi bien que dans le jugement des contemporains, ces « plans » ont toujours un caractère vague et indéterminé. L'abaissement de la maison d'Autriche n'apparaissait pas à Henri IV avec autant de netteté qu'il nous apparaît aujourd'hui à travers l'histoire ; plus tard on prêtera à Blaine des idées très précises, qui se trouvent sans doute dans son esprit, mais dont le triage n'est pas encore achevé. Aussi les journaux européens sont-ils dans l'erreur quand ils annoncent que le congrès panaméricain a échoué. Les projets qui lui ont été soumis étaient des hors-d'œuvre ; tout au plus servent-ils de jalons pour l'avenir. Le point capital c'était de faire de Washington le centre du continent américain en y réunissant les délégués de tous les peuples qui vivent sur ce continent, c'était de donner à ces délégués une haute idée de la puissance des États-Unis,... et cela est fait. Les congressistes savent par le menu quelles sont les forces militaires, commerciales, politiques et intellectuelles de la République Impériale; on leur a donné des leçons de choses; ils sont impressionnés. Blaine n'en voulait pas davantage. Ils peuvent maintenant se disperser. Ce n'est plus à Paris ou à Berlin que leurs gouvernements prendront des inspirations; c'est à Washington. Ce n'est plus en Angleterre ou en Allemagne qu'ils enverront leurs étudiants et demanderont des professeurs; c'est à Yale, à Harvard, à Ann Arbor!... Bref, ce Congrès n'a rien fait de ce que la foule en attendait; mais il a élu l'oncle Sam président de l'Amérique.

III

Un jour, on discutait devant moi, à Paris, les conséquences européennes de la Révolution française, et l'on était unanime pour constater que les principes d'émancipation populaire avaient fait le tour du globe. « En somme, remarqua l'un d'entre nous, il n'y a plus dans le monde civilisé que deux despotes, le czar et l'empereur allemand. — Vous vous trompez, répondit un autre; ils sont quatre : vous oubliez le premier ministre anglais et le président des États-Unis. » Sous sa forme paradoxale la remarque était profondément juste. On ne se fait pas idée chez nous des pouvoirs exorbitants du « Premier », de cet homme qui forme son cabinet à sa guise, l'étend ou le condense comme bon lui semble, augmente ou diminue les attributions de chacun, n'est obligé ni de réunir un conseil ni de prendre l'avis du souverain. Dans la pratique, les choses se passent plus courtoisement, mais c'est pure gentillesse de sa part. Quant au président des États-Unis, sa sphère d'action est des plus vastes. Il a ses vues personnelles, sa politique…. Il est le contraire d'un souverain constitutionnel, car il gouverne et ne règne pas. Mais, sans révolution, ministre et président sont à la merci du peuple, et voilà pourquoi leur despotisme n'est guère comparable à celui de Guillaume II ou d'Alexandre.

IV

Le citoyen américain qui veut expédier une caisse de meubles à l'autre bout du pays, ou qui désire éclairer sa maison à la lumière électrique, s'adresse à une compagnie de transports ou d'électricité; quand il veut pourvoir au gouvernement de son pays (et ce besoin se manifeste tous les quatre ans), il s'adresse de même à une compagnie qui a ses bureaux, son organisation, ses prospectus et avec laquelle il traite. Des employés bien stylés prennent sa commande et la compagnie s'engage, en retour du bulletin de vote qu'il mettra dans l'urne, à faire les réparations et les améliorations qu'il a signalées. Il y a actuellement deux grandes compagnies de gouvernement : la Républicaine et la Démocrate. La Républicaine, plus puissante, a presque constamment obtenu le monopole depuis vingt ans. Les employés, chefs de bureau, etc., s'appellent des politiciens et on a généralement moins de considération pour eux que pour les employés, chefs de bureau, etc., des compagnies de transports ou d'électricité. Aussi, quand on veut faire l'éloge d'un président, on dit que son « administration » a été aussi bonne que celle d'une compagnie particulière! En France, c'est l'inverse : nous disons qu'une compagnie est organisée aussi bien qu'une administration publique! et c'est un compliment!

V

Je ne déteste pas cette manière d'entendre le gouvernement; elle a bien ses avantages et elle est très xxe siècle. Je dois avouer, au reste, que les politiciens ne me paraissent pas aussi méprisables qu'on veut bien le dire. C'est la passion politique qui les noircit de la sorte. La passion politique est un sport pour les Américains. Ils n'ont pas du tout de raisons de boxer moralement dans leurs journaux et parfois matériellement dans les rues. Vous ne devineriez jamais quelle différence il y a entre leurs républicains et leurs démocrates! Pensez-vous qu'ils ne soient pas d'accord sur la forme du gouvernement, sur la tolérance religieuse, sur les avantages de la démocratie, sur les bienfaits de l'instruction?...

Vous n'y êtes pas! Il s'agit des soieries. Des deux côtés on pense qu'il est bon de les taxer; mais les uns voudraient des droits un peu moins élevés que les autres.... Vous voyez bien qu'il n'y a pas de quoi fouetter un chat, ni même tuer un homme, et que tout cela, c'est du sport!

Le patriotisme n'en existe pas moins et ses éclats ont la soudaineté et la violence de la foudre. Quand le président va se promener on le regarde passer comme on regarde, à Paris, les voitures de *Old England* ou les tableaux qui vont à l'Exposition. Ces jours-là, il n'est rien qu'un simple particulier.... Mais quand vient le 4 juillet, quand une cérémonie publique nécessite son apparition, quand il est appelé à représenter le pays, on dirait un autre peuple et un autre homme. C'est l'ivresse qui les prend, tous, l'ivresse de l'enthousiasme! ils acclament, ils sortent d'eux-mêmes, ils sont fous!... et lui, le petit bourgeois, quelque commun qu'il soit, il se transforme et se transfigure, comme le prêtre à l'autel. L'Amérique, dans ces moments-là, n'a plus qu'une âme et cette âme va à lui et de lui à Dieu! Parlez-leur du 4 juillet, aux petits dans les écoles, aux grands dans les universités; cela fait passer une flamme dans leurs yeux. Qui peut dire la force du sentiment qui les fait vibrer quand ils aperçoivent leur drapeau avec ses joyeuses raies rouges et son firmament d'étoiles, ou leur « national bird », l'aigle dorée qui semble défier l'humanité.

Est-ce que vous saisissez quelque chose de tout ce que je vous dis là? Je me donne bien du mal pour vous faire comprendre ce pays et sans doute je n'y réussis guère. Mgr Keane, le Recteur de l'université catholique de Washington, me disait en me parlant d'un ouvrage écrit par un de nos compatriotes : « Que voulez-vous qu'un royaliste européen comprenne à notre organisation? J'espère que vous n'êtes pas royaliste, car vous perdriez votre temps à nous analyser. »

VI

On ferait bien des kilomètres autour du globe pour avoir le plaisir de rencontrer Mgr Keane; et tous ceux qui le connaissent sont unanimes pour vanter le charme de sa parole et de ses manières. Mais son modernisme porterait la terreur dans l'esprit de bien des catholiques d'Europe. Il respecte le passé, il aime le présent, il croit à l'avenir; c'est un sage. Il respecte le passé parce qu'il est très savant et qu'il sait étudier chaque époque avec les lunettes qui conviennent,... et Dieu sait si on en a changé, de lunettes! Il aime le présent parce qu'il constate avec joie le bien qui se fait chaque jour autour de lui; il a foi en l'avenir parce qu'il est Américain jusqu'au bout des ongles et que rien ne l'effraye.... Mon Dieu! la vie actuelle est une chasse à courre. Ceux qui ne savent pas bien monter à cheval pensent constamment qu'ils vont tomber; la vitesse les met mal à l'aise et les obstacles les secouent rudement et les déplacent, tandis que les autres, bien solides sur leurs montures et parfaitement rassurés, franchissent ces mêmes obstacles le plus facilement du monde! Les catholiques des États-Unis semblent appartenir à cette dernière catégorie; ce sont de bons cavaliers et ils n'ont peur de rien. On parle beaucoup d'eux en ce moment. Ils viennent de célébrer le centième anniversaire de l'établissement officiel du culte catholique, et de l'installation de l'évêque Carroll, qui fut l'ami de Washington. Ils étaient 40 000 alors; ils sont 10 millions à présent. Les fêtes de ce centenaire religieux ont coïncidé avec l'inauguration de l'université de Washington, et une sorte de « concile laïque » s'est réuni à Baltimore pour y discuter diverses questions de presse et de propagande.

L'idée de fonder une grande université catholique en ce pays date de loin. Les conciles nationaux [1] l'ont discutée à plusieurs reprises; celui de 1884 l'a adoptée. Miss Mary Gwendoline Caldwell, dont le grand-père était directeur de théâtre et le père fabricant de gaz à la Nouvelle-Orléans, donna 300 000 dollars (1 500 000 francs), et en peu de temps on put réunir, grâce à d'autres souscriptions, la somme de 4 millions. Une vaste propriété fut acquise et la première pierre fut solennellement posée le 24 mai 1888, en présence du cardinal Gibbons, du président de la République et d'une foule immense. Mgr Spalding, évêque de Peoria, prononça ce jour-là le plus magnifique en même temps que le plus audacieux discours qui se soit jamais échappé des lèvres d'un prêtre catholique. Qu'on me permette d'en citer quelques passages : « Félicitons-nous, s'est écrié l'évêque dans une explosion de patriotisme, félicitons-nous d'avoir prouvé par des faits que le respect des lois est compatible avec la liberté civile et religieuse; qu'un peuple libre peut prospérer et grandir sans souverain et sans guerre; que l'Église et l'État peuvent

---

1. Ces conciles se composent de tous les évêques catholiques des États-Unis; il y en a eu trois dans ce siècle.

agir séparément pour le bien public; que le gouvernement de la majorité, quand les hommes ont foi en Dieu et en la science, est après tout le gouvernement le plus juste et le plus sage. Cette expérience nous assure la place d'honneur parmi les nations qui aspirent à une vie de plus en plus libre et de plus en plus noble. » Et plus loin, en guise de programme pour l'avenir : « Proposons-nous à présent de préparer l'avènement d'une organisation sociale qui assurera à chacun l'abri, la nourriture et le vêtement; conformons-nous à la divine parole : « O Israël, tu ne souffriras pas qu'il y « ait au dedans de tes frontières un seul men- « diant, un seul misérable! » Nous avons le droit d'aspirer au moment bienheureux où nul homme ne sera condamné à un travail sans merci et sans résultat; au temps où nulle distinction n'existera plus entre les individus. » Plus loin encore : « La science nous a permis de prolonger les existences, de lutter contre la maladie, de soulager la douleur, de fertiliser la terre, d'illuminer nos villes, d'assainir nos demeures. En même temps elle nous a ouvert les abîmes du firmament et les mystérieux détails de la création nous ont été révélés peu à peu. Nous connaissons l'histoire du globe, nous avons surpris les secrets de civilisations disparues et nos découvertes augmentent chaque jour; et tout cela n'est qu'un prélude, la préface d'un âge nouveau. Car prétendre que nos progrès sont seulement matériels, c'est manquer de bonne foi; tout indique le contraire. D'autres époques ont vu passer des figures plus saisissantes que nous n'en voyons aujourd'hui, mais jamais le monde n'avait été gouverné avec autant de sagesse et de justice. » Ils sont peu là-bas qui parlent comme Mgr Spalding! mais ils sont beaucoup qui pensent comme lui.

VII

Le bâtiment qui a été inauguré l'autre jour ne représente qu'un septième de l'université ; il est affecté à la théologie. Les six autres seront construits ultérieurement, pour contenir la faculté des sciences et ses laboratoires, la faculté de médecine, la faculté des lettres, la faculté de droit, la bibliothèque. Les professeurs et directeurs doivent être catholiques, mais les étudiants seront admis sans distinction de culte. Actuellement il n'y a donc qu'une sorte de « séminaire supérieur », renfermant dix professeurs appartenant à la congrégation de Saint-Sulpice et soixante jeunes prêtres qui viennent là recevoir un complément d'instruction religieuse. L'œuvre universitaire proprement dite n'est pas commencée. La cérémonie d'inauguration a eu lieu au milieu d'un grand enthousiasme; elle s'est terminée par un banquet, auquel assistaient le président Harrison, M. Blaine et les autres secrétaires d'État, ainsi que le vice-président de la République et sa femme; de nombreux toasts ont été portés, par les évêques présents, au chef de l'État, au pape, au clergé canadien, à la presse!... Un évêque portant un toast à la presse! Où allons-nous!

VIII

C'est à quelques jours de là que Mgr Keane m'a montré son université naissante, où les choses et les hommes commençaient à peine à s'installer. La curiosité publique n'étant pas encore satisfaite, les tramways amenaient de Washington de nombreux promeneurs qui erraient librement dans l'édifice. Ils s'arrêtaient dans le vestibule devant un gigantesque portrait de Léon XIII envoyé de Rome, essayaient les *rocking-chairs* du parloir, pénétraient dans la chapelle, regardaient des ouvriers poser des appareils d'éclairage électrique et s'en retournaient très contents. Et, au milieu d'eux, les élèves en soutane passaient sans baisser les yeux ni joindre les mains. Et Mgr Keane, de sa voix douce et distinguée, me tenait quelque propos horriblement démocratique, mais toujours noble et élevé. Et, vue de là, l'Église catholique apparaissait sous un jour tout nouveau, pleine de jeunesse et de force,... un grand navire entrant à pleines voiles dans un océan inconnu !

Élèves et professeurs ont chacun une chambre et un cabinet de travail chauffés à l'eau chaude, éclairés à la lumière électrique ; les boiseries sont soignées, les peintures, claires ; mais il n'y a pas une tenture, rien qui sente le luxe inutile, à moins que les séminaristes de chez nous ne traitent de « luxe inutile » les salles de bains et la « salle de récréation ». Cette salle de récréation est située tout en haut de l'édifice. Elle contient des billards et un gymnase assez bien équipé : on peut y fumer. En voyant tout cela, j'ai demandé par plaisanterie s'il y avait un champ de jeu pour le *foot-ball* ; et il m'a été répondu qu'on en installerait assurément un quand l'université serait complétée, et qu'il pourrait servir aux théologiens comme aux autres étudiants.

Elle m'a tant étonné, cette université catholique de Washington, que j'y suis revenu deux jours après pour y dîner et passer la journée; de quoi n'avons-nous pas causé à table et quelle indépendance de jugement s'est manifestée au travers des conversations! Chez nous, les élèves de Saint-Sulpice ou d'Issy sont les victimes de la routine la plus incompréhensible; on ne leur permet pas de prendre deux fois d'un plat, on les fait étudier dans des pièces non chauffées, on les force à traîner partout leur pupitre avec eux.... Pourquoi? Parce que la *tradition* le veut ainsi. Le corps anémié, l'intelligence rétrécie, le caractère brisé, ils vont ensuite vivre dans une société qu'ils ne peuvent ni suivre ni comprendre. Ceux-ci, tout au contraire, formés pour la lutte, sont aptes à guider l'humanité.

Quand j'ai quitté Mgr Keane, il se faisait tard; un petit concert de piano et de violon s'était organisé dans la chambre de l'un des professeurs et les amateurs de musique étaient groupés autour des exécutants. Je suis revenu à pied à travers des bois très sombres; j'ai longé des landes inhabitées, un mur de cimetière; puis les bois ont reparu.... Un tramway électrique a passé tout à coup devant moi, glissant sur un fil invisible, très vite; et ce wagon illuminé, plein de monde, courant tout seul au milieu de cette solitude noire, c'était une impression rare, une apparition incohérente.... Enfin Washington s'est montré à un détour du chemin; des milliers de lumières jaunes, de grands rayons blanchâtres troublant la nuit, et une rumeur lointaine, incessante et confuse.

IX

En face de la Maison-Blanche, l'asile où, quatre ans durant, l'élu de la nation goûte les douceurs et subit les lourdes charges du pouvoir, se dresse l'obélisque de 175 mètres élevé à la mémoire de George Washington. Il faut en toucher la base pour se rendre compte de ses dimensions; de loin, il passerait inaperçu n'était l'éclat mat des blocs de marbre blanc qui le composent. L'intérieur renferme un large escalier de fer qui tourne autour de la cage de l'ascenseur. Pas une fenêtre; au sommet seulement, quelques lucarnes, invisibles d'en bas, permettent d'examiner le paysage. Des lampes électriques éclairent les épaisses murailles où sont incrustées par centaines les pierres commémoratives données par les états, corporations, associations, régiments, écoles, de la République. — *California, younger sister of the Union brings her golden tribute.... Virginia who gave Washington to his country gives this granite, for his monument,...* et ainsi de suite avec de longues louanges pour le « Père de la Patrie ». Dans cette atmosphère de tombeau, avec ces perspectives étranges d'abîme, les lueurs fantastiques des lampes et le bruit retentissant des chaînes de l'ascenseur, tous ces noms formant une litanie patriotique sont d'un effet grandiose et inoubliable; on se prend à songer que la gloire de George Washington est absolument pure; que tout un peuple bénit sa mémoire; que l'univers entier admire ses vertus et que rien n'est resté de lui qui ne soit beau, honnête, juste et enviable....

X

Je lis, avec un vif intérêt, les journaux qui me donnent des nouvelles de la Révolution brésilienne et je trouve matière à réflexions dans les appréciations qu'ils contiennent. Dom Pedro est venu aux États-Unis; il y est populaire; on lui sait gré de ses sentiments libéraux et de sa simplicité démocratique; on estime surtout ses goûts scientifiques, son humeur voyageuse, le souci qu'il a d'étendre ses connaissances, le plaisir qu'il éprouve à faire causer les spécialistes. La plupart des journaux lui consacrent chaque matin des articles élogieux qui paraîtraient insultants à quiconque les lirait en Europe. Non pas qu'ils soient empreints de violence à l'égard des institutions monarchiques, ni même qu'ils reflètent un mépris voulu pour tout ce qui n'est pas la République, mais les éloges adressés à la personne de l'Empereur diminuent singulièrement le prestige de l'Empire. Pour tout le monde ici, c'est un fonctionnaire révoqué, *dismissed from service*; le peuple brésilien ne renouvelle pas son bail, il prend d'autres arrangements et remercie son régisseur, à la fidélité et à l'honnêteté duquel il rend hommage au moment de se séparer de lui. C'est à merveille et parfaitement dans l'ordre. L'acte lui-même est discuté et sévèrement, au point de vue de son opportunité; on émet l'avis que le Brésil va perdre au change et qu'il aurait mieux valu attendre la mort de Don Pedro pour opérer la réforme. Car ce n'est pas une Révolution, c'est une réforme. L'Empire n'est pas renversé; il cesse.

XI

Le bureau d'Éducation, institué dès 1867, a pris une extension considérable. Il est, à mon sens, admirablement organisé et sa grande utilité découle de son extrême simplicité. On y centralise tous les renseignements que l'on peut se procurer sur les écoles, collèges, universités des États de l'Union. On imprime ces documents et on les échange avec l'étranger. Rien ne se fait ni ne se publie au dehors qui ne soit connu de la sorte à Washington, et le directeur de cet important bureau est assurément l'homme qui peut en savoir le plus long sur la pédagogie universelle. Chaque année, on édite un volumineux rapport sur l'ensemble de la question, des études spéciales, des « circulaires d'informations » et des brochures historiques. Il n'y a pas beaucoup d'employés pour une si grosse besogne; les sous-chefs sont des dames parlant plusieurs langues et remplissant leurs fonctions avec un zèle et une ponctualité remarquables. Quand donc nous déciderons-nous à ouvrir aux femmes l'entrée des bureaux, leur domaine naturel?

XII

L'université de Georgetown appartient aux jésuites. Georgetown est un des faubourgs de la capitale et l'on s'y rend en tramway. L'université, à laquelle est annexé un collège d'enseignement secondaire, possède un bel édifice de pierres grises avec façade monumentale, clochers élégants et tour carrée d'où l'on découvre tout le panorama du Potomac. Il y a 400 élèves et pas mal d'internes. Le système est franchement américain, avec quelques restrictions cependant, relatives à la sortie en ville. C'était un jour de pluie; il y avait foule au gymnase et surtout dans les salles de billard du sous-sol, où les plus grands peuvent fumer. Je montai ensuite à leurs chambres, que je trouvai commodes et suffisamment spacieuses, encombrées néanmoins de bibelots et d'accessoires sportifs. Les plus jeunes habitent des dortoirs. Il y a, bien entendu, des *debating societies* et un journal édité chaque mois... Le lendemain soir, j'étais chez des amis, lorsqu'on annonça un père jésuite qui venait leur demander un renseignement. Il portait le costume de clergyman, pantalon noir et redingote à collet droit. Il s'assit, prit du thé et causa le plus simplement du monde sur toute sorte de sujets.

XIII

A Baltimore, dans Charles street, une maison d'assez modeste apparence,... un petit nègre m'a ouvert la porte et j'attends le cardinal. Le voici, avec un livre sous le bras; il m'emmène dans son salon; lui aussi, cause le plus simplement du monde. Il n'y a ni Éminence, ni Monseigneur, ni bague à baiser, ni bénédiction, et je pense aux évêques d'Irlande devant lesquels on se met à genoux, fût-ce dans la poussière du chemin. Ils sont pourtant bien inférieurs, dans l'échelle des valeurs humaines, à ce grand cardinal que les habitants de Baltimore saluent quand il passe et que le pays tout entier vénère. Sous la soutane liserée de rouge, le citoyen américain reparaît avec sa fière admiration pour la forme républicaine, son culte pour « le Père de la Patrie » et son sentiment égalitaire.... Il s'en va lui-même me chercher à l'étage supérieur des brochures qu'il veut me faire lire et, quand je prends congé, il me reconduit jusqu'à sa porte sans appeler le petit nègre et nous échangeons une poignée de main. Cette absence complète de décorum choquerait peut-être à l'archevêché de Paris, mais ici elle est dans l'ordre.... Le cardinal m'a dit en riant qu'il remerciait Dieu de ne pas avoir une sentinelle à sa porte!

XIV

Le Congrès est ouvert chaque jour par des prières ; les députés élisent leur chapelain et par conséquent le chapelain est toujours protestant, puisque la religion protestante est celle de la majorité. Mais, dans les législatures d'États, il n'est pas rare que l'on s'adresse alternativement aux représentants des différents cultes pour les prier d'ouvrir les séances. Le prêtre catholique le fait pendant une semaine ; puis c'est le tour du ministre presbytérien, du baptiste, etc. Les écoles sont indépendantes en nom, mais on y lit la Bible ; les universités se disent *unsectarian*, mais on prend bien soin d'indiquer dans les prospectus qu'elles sont basées sur le sentiment chrétien. En un mot, la constitution des États-Unis comprend un article supplémentaire sous-entendu et qui est ainsi conçu : La religion *chrétienne* est la religion de l'État.

XV

L'université Johns Hopkins à Baltimore porte
le nom de son fondateur, un riche négociant
qui l'a dotée de plus de 15 millions de francs.
Toutefois, les actions de la compagnie de
chemins de fer « Baltimore et Ohio » ayant
cessé de rapporter, l'université se trouva en
1888 dans une situation qui eût été fâcheuse
partout ailleurs qu'en Amérique. Mais, dès
que cette situation fut connue, un « fonds de
réserve » de 543 500 francs se trouva constitué
en quelques jours. Cela servit même de réclame à l'établissement et d'autres libéralités
lui furent faites. Un don de 100 000 francs vint
accroître le capital de la Y. M. C. A. fondée
par les étudiants. Un habitant de Philadelphie
envoya 500 dollars pour acheter de nouveaux
appareils d'électricité.... M. Hopkins n'avait
pas pris une part aussi active que M. Cornell

à l'organisation de son université. Il s'en était remis aux membres du conseil institué par lui, et ceux-ci n'ont voulu ni édifices majestueux, ni vastes jardins, ni belles pelouses. « L'argent, dit M. Buisson dans son *Rapport sur l'exposition d'instruction publique de la Nouvelle-Orléans* (1885), n'a été prodigué que pour donner à l'enseignement un éclat incomparable, pour appeler de tous pays les spécialistes les plus compétents, pour munir les laboratoires de l'outillage le plus parfait et les bibliothèques de tous les trésors scientifiques et littéraires. On a adopté le système des séminaires allemands, c'est-à-dire des petits groupes d'étudiants avancés, travaillant d'une façon méthodique sous la constante tutelle d'hommes éminents. Maîtres et étudiants ont organisé des espèces de sociétés savantes spéciales pour la philologie, la métaphysique, les sciences proprement dites et les sciences politiques et sociales. On attend beaucoup de ce commerce intime et quotidien d'érudition. » Dans une semblable université, la préparation aux examens ordinaires occupe nécessairement le second rang; ce qu'on cherche, ce sont les intelligences d'élite pour les aider dans leur développement. Les publications périodiques, au nombre de huit, ont autorité en Europe, où déjà la Johns Hopkins jouit d'une grande réputation.

Son « département de la culture physique » est entre les mains d'un homme fort intelligent et chercheur, le Dr Hartwell; mais la conversation que j'ai eue avec lui m'a montré que son influence ne serait pas moins néfaste pour son pays que celle du Dr Sargent. Les règlements de l'université font passer devant lui tous les jeunes gens qui sont inscrits sur les registres. Il les inspecte comme un mécanicien inspecterait une machine qu'on vient de livrer : il y a des pièces à refaire; les pistons jouent inégalement; le maximum de travail n'est pas atteint....

XVI

C'était hier le *Thanksgiving Day*, « le jour d'actions de grâces ». Le président de la République, dans son message, invite les représentants de tous les cultes à s'unir pour remercier Dieu des bienfaits qu'il a accordés aux hommes au cours de l'année qui s'achève. Le gouverneur, dans chaque État, publie également une proclamation; il n'est pas jusqu'au chef de la tribu des Cheroquees qui, rappelant à son peuple le culte que leurs ancêtres rendaient à la nature, ne les convie, maintenant qu'ils sont chrétiens, à honorer en cette occasion le « seul vrai Dieu ». Le *Thanksgiving* est une institution puritaine; les puritains ne voulaient rien conserver des coutumes anglaises et ils transportèrent Noël et sa dinde à une autre date. Depuis, Noël a reparu, mais le *Thanksgiving turkey* est resté par excellence le plat qu'on mange en famille, pour célébrer la fête du foyer.

J'ai passé cette journée à New York, venaht de Philadelphie, allant à Boston. L'animation était grande dans les rues; des mails couverts de draperies bleues ou jaunes conduisaient au Berkeley Oval des spectateurs enthousiastes par avance. C'était le match de *football* entre Princeton et Yale et on dit que 300 000 personnes y ont assisté. Princeton a remporté une victoire brillante. Le soir, quand je suis entré dans la salle à manger de l'hôtel Victoria, j'ai aperçu des fleurs, des habits noirs, des toilettes blanches; on m'a présenté une rose pour ma boutonnière et un menu interminable. Le *Thanksgiving turkey* m'a paru excellent parce que j'ai pensé que tous les déshérités en avaient aussi leur part. Pas une association qui n'ait pensé à eux; les prisonniers, les *boys* qui vendent les journaux dans les rues, les fous, les estropiés des hôpitaux et les pauvres qui cachent leur misère dans un taudis qu'une charité discrète sait vite découvrir,... tous ont été joyeux. La Y. M. C. A. a convié les jeunes gens qui se trouvaient sans famille et elle a quêté pour subvenir aux frais du repas.... Générosité de luxe, direz-vous, mais générosité délicate, habile et tendre dont l'Angleterre et les États-Unis possèdent malheureusement le monopole!

UN LIVRE
UN CONGRÈS ET UN BATEAU

I

Le livre s'appelle *Looking Backward*; je l'ai acheté à Savannah, pour le lire en chemin de fer, et j'avoue que cette lecture m'a profondément troublé. Le congrès s'est tenu à Boston et il n'en est rien sorti de génial, ainsi qu'il est d'usage pour tous les congrès. Quant au bateau, il est armé de quatre avirons et présente cette particularité qu'il reste immobile quand on rame. On peut le voir à l'université de Yale.

II

M. Edward Bellamy ne s'est pas donné beaucoup de mal pour transporter son héros, né en 1857, au milieu de l'an 2000. Il l'a tout simplement endormi. Il est vrai que les circonstances qui ont rendu possible ce long sommeil sont ingénieusement combinées. Le héros a trente ans : c'est un névrosé, un morphinomane, un décadent; pour calmer l'agitation de ses nuits, un magnétiseur habile vient, deux soirs par semaine, lui faire des passes qui le plongent dans une mort artificielle; et son fidèle serviteur le réveille ensuite au moyen d'un breuvage spécial. Il habite une vieille maison que ses parents lui ont laissée; comme elle est située dans un quartier populeux de Boston, le jeune homme a voulu se protéger contre les bruits de la rue :

il s'est fait construire une chambre souterraine qui l'isole du monde; une porte à secret y donne entrée, et cet élégant tombeau plaît à sa pauvre imagination d'être usé et nerveux. On est en 1887; une émeute est menaçante; des grèves ont éclaté.... Oh! cette dernière soirée chez les parents de sa fiancée, comme l'auteur l'a bien décrite! comme il a pris sur le vif ces conversations de gens riches et repus, sans pitié pour les souffrances ouvrières; et le charme du récit est doublé parce qu'on sent un grand mystère qui approche, quelque chose d'imprévu et de grandiose!

La chambre souterraine est découverte au bout de 113 ans; l'émeute, sans doute, a éclaté; le serviteur qui connaissait les secrets de ce bizarre logis a disparu; la maison a brûlé; un jardin a été établi; des arbres ont poussé et, sous ces arbres, repose dans son extraordinaire léthargie celui qu'un hasard va rappeler à l'existence. Le voici qui ouvre les yeux, tandis qu'un rayon de lumière pénètre jusqu'à lui par la brèche faite à la voûte de son sépulcre. On l'emporte, on le soigne, on le ranime, et, maintenant, il veut savoir où il est et pourquoi il est là.... Avec mille précautions, on le lui dit et il s'irrite de ce qu'il appelle une plaisanterie de mauvais goût. Son irritation devient telle que, pour le convaincre, il faut l'aider à gravir l'escalier jusqu'à la terrasse qui forme le toit de la maison. Son regard avide saisit aussitôt un paysage familier. Oui, cet horizon de mer, ces terres échancrées, cette rade et ces îles, c'est bien Boston! Mais quelle est cette cité inconnue et superbe qui aligne ses avenues, ses monuments aux proportions étranges, où tout respire le bonheur et l'aisance, où l'on sent, dès le premier coup d'œil, une société puissante, assise sur des bases nouvelles!... L'auteur a mis dans ce tableau de féerie tout ce que sa passion humanitaire a pu lui inspirer de plus ardent, car il n'est pas seulement romancier, il est aussi socialiste militant,... et il fait embrasser à son héros, du haut de cette terrasse, à l'aurore du xxie siècle, ce que le socialisme a fait du monde!

Ensuite, il entre dans le détail de l'organisation; il passe tout en revue, et cette partie de son livre est fastidieuse et puérile. Au siècle dernier, une œuvre analogue avait été tentée ; on avait dépeint *Paris en l'an 2000* et la société française régénérée par Jean-Jacques Rousseau et ses disciples. Quand nous relisons ces lignes à présent, elles nous font sourire, et ainsi en sera-t-il de toutes les œuvres où l'avenir est prophétisé minutieusement. M. Bellamy aurait agi plus habilement en gardant dans l'ombre les mille détails de la vie de chaque jour et en laissant au lecteur le soin de satisfaire par l'imagination sa propre curiosité. Mais, sans parler des pages gracieuses dans lesquelles se noue une intrigue d'amour aussi fraîche qu'originale, il y a dans *Looking Backward* deux chapitres de la plus haute valeur : dans l'un, l'échappé du xixe siècle essaye de faire comprendre à ses nouveaux contemporains les idées des hommes parmi lesquels il a d'abord vécu ; l'autre contient l'indication esquissée, presque sous-entendue, des causes qui ont amené la révolution, des circonstances qui l'ont facilitée et des idées qui ont servi de trait d'union entre deux âges si dissemblables.

Il paraît qu'en l'an 2000 il y aura encore des voitures, car c'est sous la forme d'un *coach* lourdement chargé et gravissant avec peine une côte interminable que le xix° siècle se trouve représenté. Tranquillement assis, gais, heureux, contents, les voyageurs d'en haut se laissent émouvoir de temps à autre par les souffrances de leurs frères qui les traînent ; ils leur envoient des paroles sympathiques et les encouragent à tirer fort et à se montrer énergiques. Ils discourent aussi entre eux sur les injustices du sort et ses choquantes inégalités ; mais ils ont la conviction qu'elles ont toujours existé et qu'il est absolument inutile de chercher à y porter remède. Parfois, un de ceux qui se laissent traîner tombe de sa place, et aussitôt il est saisi, harnaché et on le force de prendre part au dur labeur, tandis qu'un de ceux qui traînaient parvient à escalader le coach et à gagner un de ces sièges tant convoités.... En bas comme en haut, on croit à la fatale destinée qui condamne les deux tiers des hommes à traîner le troisième tiers. Pourtant il y a des révoltes fréquentes, mais partielles ; des coups de fouet et des morceaux de sucre en ont raison et ceux d'en haut témoignent leur mauvaise humeur et apostrophent ceux d'en bas en leur conseillant d'être plus raisonnables, d'accepter franchement leur métier et d'être reconnaissants de ce qu'on fait pour eux !

Hélas ! tout cela est vrai, on ne peut le nier ! M. Bellamy a eu le talent de ne mettre dans son récit ni aigreur ni amertume. Pas de dissertations philosophiques, pas de récriminations haineuses, pas de comparaisons maladroites. Toutes ces choses sont racontées comme si un siècle entier avait réellement passé sur elles; on dirait que déjà elles appartiennent à l'histoire et qu'elles caractérisent notre époque, tout aussi bien que le droit divin ou le contrat féodal caractérisent les époques précédentes. Et autour de ce récit simple, ingénieux, on devine des auditeurs captivés, émus, ayant besoin de réfléchir pour comprendre un monde si différent du leur; on devine des historiens fiers de constater qu'ils ont bien saisi et analysé dans leurs écrits ce monde disparu; on devine surtout une joie intense de ne plus vivre en ces jours sombres, au milieu de cette civilisation incomplète, dans cette atmosphère d'injustice sociale !

De toutes les institutions alors existantes,

laquelle a survécu?... Je vous le donne en mille, et c'est là qu'à mon sens M. Bellamy a fait preuve d'un esprit véritablement profond et perspicace. L'institution qui a survécu, c'est le service obligatoire. Nous ignorons, il est vrai, comment, de la vieille Europe, ce tout-puissant militarisme est arrivé sur le continent américain; mais nous l'y trouvons installé et l'auteur nous fait connaître que le principe en est admis sur toute la surface du globe. Ce n'est plus le service militaire, c'est le service *industriel*, mais la hiérarchie et la discipline sont restées. Tout jeune homme doit être ouvrier pendant trois ans comme, de nos jours, il doit être soldat; la présidence de la République est dans son sac d'ouvrier comme le maréchalat était dans sa giberne de soldat. A la lueur de ces faits, on reconstitue le passé : d'une part les conflits du travail, les grèves, les rébellions, de l'autre ces masses guerrières, produit d'efforts insensés, que leur puissance même immobilise dans une paix fiévreuse et incertaine; et alors, l'ouvrier-soldat engendrant peu à peu le soldat-ouvrier, les richesses nationales confiées à sa garde et exploitées par lui pour le bénéfice de la communauté, l'individualisme s'écroulant sous les coups populaires et le rêve socialiste se réalisant sur ses ruines.

Les patries n'ont point disparu ; le patriotisme, au contraire, est plus vibrant que jamais. Au reste, M. Bellamy n'épargne rien pour faire, de l'âge qu'il décrit, le véritable âge d'or. Est-il besoin d'ajouter que son livre déborde d'utopies et fourmille d'invraisemblances? que c'est d'ailleurs un simple roman et non une prophétie? Mais les 200 000 exemplaires qui ont été vendus en quelques mois prouvent surabondamment l'effet produit.... Et puis cela donne à réfléchir ; un réseau de tendances socialistes qui nous environne apparaît soudain. On entrevoit comme dans un éclair les conséquences du militarisme actuel, qui est évidemment un contrat signé avec le socialisme. Enfin ceux de ma génération, cela est certain, trouvent au fond de leurs cœurs une sorte d'écho pour ces souffrances de l'humanité dont on a fait si bon marché jusqu'ici. Ce qui choquait leurs pères ne les choque plus et ils ont, en revanche, des enthousiasmes, des pitiés et des passions que ceux-ci n'ont pas connus.

III

Quand je suis entré dans la grande salle de l'Institut technologique de Boston, où devait se tenir un congrès relatif à l'éducation physique, j'ai été frappé de la prépondérance de l'élément féminin dans l'auditoire. Que de chapeaux! se fût écrié M. Prud'homme ; que de plumes, que de fleurs!... et peut-être il eût ajouté de confiance et par galanterie : que de jolis visages! A vrai dire, tous les visages étaient loin d'être jolis; il y en avait de très vieux et de très fanés, et je ne m'explique pas encore bien pour quel motif et par quel secret intérêt ils se trouvaient rassemblés en ce lieu.

Près de 500 personnes étaient présentes quand le Dr Harris, le très aimable et intelligent directeur du bureau d'Éducation, ouvrit la première séance. Il souhaita la bienvenue aux orateurs inscrits et annonça que, pendant la courte durée du congrès, il y aurait deux séances par jour, une le matin et une l'après-midi. Ce matin-là, nous entendîmes le Dr Hartwell, de la Johns Hopkins, qui parla médecine, et le chef du *New York Turnverein*, qui fit un éloge pompeux du système allemand. Après quoi, trente enfants appartenant au *Turnverein* de Boston se livrèrent sur l'estrade à des contorsions rythmées. L'après-midi, un Suédois développa les théories qui ont cours à Stockholm et ensuite il présenta ses élèves, jeunes et vieilles filles, qui pirouettèrent, arrondirent les bras, s'accroupirent, se balancèrent, remuèrent leurs cils et leurs narines au commandement. Et cela continua de la sorte aux séances suivantes; on ne sortit guère de la médecine et du germanisme; personne ne s'avisa de songer aux jeux et au plein air; je fus seul à en parler et je crois bien que le Dr Harris fut seul à partager mes idées.

Chaque fois que l'ordre du jour se trouvait épuisé, on faisait appel aux spécialistes épars dans l'assemblée. Ils montaient sur l'estrade, et très simplement, sans embarras, faisaient leur petit boniment, racontant leurs expériences et les résultats de leurs investigations. A plusieurs reprises, le président interpella des docteurs, les invitant à parler; et l'on vit se lever d'aimables jeunes personnes, et l'on entendit mille détails scientifiques et techniques;... la chanson allemande revenait périodiquement comme un refrain,... et je me demandais ce qui est le plus cancéreux de la philosophie, de la pédagogie ou de la politique des Allemands modernes. L'une brise les âmes, l'autre brise les caractères, la troisième brise les États : cela se vaut. Un brave monsieur a demandé une fois la parole de sa place et a « délivré » un speech acariâtre, dans lequel il a déclaré que tous les parents allemands étaient obligés de faire faire de la gymnastique à leurs enfants, depuis le souverain jusqu'à l'ouvrier, et qu'il voudrait voir les mêmes lois établies à Boston, mais que, vraisemblablement, un pouvoir dictatorial peut seul faire de si bonnes choses. Quelqu'un lui a répondu que les Américains n'aiment guère qu'on leur parle d'une manière dictatoriale!

Le dernier soir, il y a eu grande réception à

l'hôtel Brunswick. J'y ai retrouvé tous les orateurs : les jeunes doctoresses, le monsieur acariâtre, les directeurs de gymnase, le professeur suédois avec sa redingote irréprochable et son accent aigu, et la foule des dames qui emplissaient l'amphithéâtre. Dans les fêtes qui terminent un congrès littéraire, on parle généralement politique et les médecins, après leurs séances et leurs discussions, causent boulevards et pièces nouvelles. Mais ces futilités n'étaient pas de mise ici. Dans tous les groupes, il était question de l'intérieur du corps humain; on entendait de tous côtés les mots : système allemand, système suédois.... Je pris à part un personnage de grande réputation qui avait péroré sur le « système français » en termes aussi précis qu'erronés. « Y-a-t-il longtemps, monsieur, lui dis-je, que vous êtes venu en France? — Je n'y ai jamais été, monsieur, m'a-t-il répondu.... Je ne connais de l'Europe que l'Allemagne, où j'ai achevé mes études. »

Le lendemain, au club, en ouvrant un journal, je trouvai un long article bien pensé et bien écrit, intitulé : Antigermanisme.... Ce n'est pas trop tôt.

IV

Le bateau qui n'avance pas se trouve dans une piscine de l'université de Yale, à New Haven (Connecticut). Encore une université à avaler, cher lecteur, c'est la dernière. Je te fais grâce de celle de Philadelphie et de plusieurs autres encore que j'ai visitées, chemin faisant, mais tu ne peux vraiment te dispenser de donner un coup d'œil à celle-ci, à cause de son ancienneté et de son importance. Elle possède, comme ses sœurs, des sociétés secrètes, des clubs de toute sorte, des associations athlétiques, des facultés diverses. Elle est plus américaine qu'Harvard, moins démocratique que Cornell, un peu *rough* comme Princeton, qui lui ressemble, d'ailleurs, par plus d'un trait. Si tu consultes *The Yale Banner*, publiée par les étudiants et illustrée par eux de charmants croquis, l'édition de 1889 t'apprendra que 140 jeunes gens étudient la théologie, 107 le droit, 47 la médecine, 737 les lettres, 343 les sciences, 39 les beaux-arts... total : 1 413. Tu sauras, en outre, qu'en ce moment le Connecticut y compte 490 représentants et les autres États 887; qu'il y a 8 Canadiens, 7 Anglais, 3 Turcs, 5 Hawaïens, 12 Japonais et 1 Français; qu'enfin le collège fut fondé en 1701 et définitivement établi en 1717 à New Haven.

New Haven est maintenant une ville importante; mais elle se gouverne encore d'après le vieux mode de consultation directe usité jadis dans la Nouvelle-Angleterre. Les citoyens se réunissent un jour quelconque dans une grande salle; chacun entre, sort, fait ses observations et ses critiques; on vote à mains levées.... En fait, les habitants, satisfaits de leur municipalité, lui laissent la bride sur le cou. Quand j'ai pénétré dans le lieu où se tenait l'assemblée, on lui lisait un budget considérable où les dollars défilaient par milliers; 150 à 200 personnes, tout au plus, prêtaient une oreille distraite à cette lecture et votaient ensuite de la meilleure grâce;... et néanmoins, on sent que ces mœurs patriarcales sont à la veille de disparaître, qu'il suffit pour cela que quelqu'un se lève et en signale le danger.... Si cette assemblée n'est pas la dernière, c'est du moins l'avant-dernière; mais comme elle m'a bien fait comprendre le rang occupé dans les préoccupations des Américains par les choses gouvernementales! Encore une fois, lorsqu'ils se passionnent pour une élection, c'est la lutte, le pari, le sport qu'ils cherchent; en dehors de ces excitations factices, ils disent à leurs gouvernants : « Laissez-nous la paix, ne gênez pas nos mouvements et faites tout ce que vous voudrez ».

New Haven est coupé par de grandes avenues très ombreuses en été, majestueuses encore en hiver, avec les grandes masses des vieux arbres dépouillés. La voiture de l'aimable professeur H. Farnum circule dans ces avenues d'un bout de la ville à l'autre, parce qu'il s'agit de me faire voir beaucoup de choses en très peu de temps : le champ de jeu, désert, avec ses tribunes vides et les « buts » du *foot-ball* dressés comme pour un supplice de païen; le *boat-house*, fermé jusqu'au printemps, mais peuplé d'innombrables bateaux qui dorment, renversés, sur les portants ; la bibliothèque, les laboratoires, quelques chambres d'étudiants, la Y. M. C. A. et enfin le gymnase, avec le sous-sol où se trouve le fameux bateau qui n'avance pas.

Je n'ai peut-être pas été aussi surpris en le voyant que les journaux de la localité ont bien voulu le dire le lendemain ; un *tank* n'est pas une chose absolument inconnue en Europe ; il en existe en Allemagne, peut-être aussi en Angleterre ; notre climat, d'ailleurs, nous donne la possibilité de ramer presque sans interruption d'un bout de l'année à l'autre ; mais les Américains du Nord n'ont pas le même bonheur et je m'étonne que, dans la plupart de leurs grandes universités, on n'ait pas suivi l'exemple de Yale. Imaginez une piscine, ayant 15 mètres de long, 9 de large et 60 centimètres en profondeur. Une fausse embarcation est fixée au milieu de la piscine, ses deux extrémités s'appuyant aux murs qui en limitent la longueur. Des sièges à coulisses y sont installés exactement comme dans une embarcation ordinaire. Quatre rameurs de pointe s'y installent; leurs avirons, un peu courts, vont chercher l'eau par-dessus une cloison qui s'élève de quelques centimètres au-dessus du niveau liquide, de chaque côté du bateau, et qui est moins longue que la piscine. C'est autour de ces cloisons que l'eau circule, car, le bateau ne remuant pas, c'est l'eau qui doit se déplacer. Chaque coup d'aviron précipite sa marche : elle atteint la muraille du fond, passe entre la muraille et la cloison, revient le long du bateau et ressort à l'autre bout, où, de nouveau, les pelles d'aviron la chassent dans le même sens [1].

Dans le demi-jour d'un après-midi de décembre, avec, çà et là, des becs de gaz qui éclairent les recoins les plus sombres, cette piscine en sous-sol présente l'aspect le plus bizarre. Sur les berges (?) l'entraîneur se promène; son regard perçant épie les moindres fautes des quatre jeunes gens vêtus de jerseys sans manches qui rament sous ses yeux. Des éclaboussures jaillissent de tous côtés et, derrière une cloison, on entend de l'eau qui tombe

---

[1]. Pour me rendre compte du degré de clarté de mon explication, je viens de la lire à un de mes amis qui n'y a rien compris du tout : mais je désespère de la rendre plus claire.

très fort; ce sont les douches sous lesquelles passent en ce moment les rameurs précédents.

Le gymnase de Yale n'est pas en rapport avec l'importance de l'université ni avec les superbes édifices dont elle s'entoure depuis plusieurs années. Les anciens élèves, auxquels on s'est adressé pour le reconstruire, ont donné aussitôt 200 000 dollars (1 million de francs) et M. Gandolfo, architecte, m'a montré les plans qu'il vient de soumettre aux administrateurs. Le gymnase projeté aura quatre étages et un sous-sol, et la distribution en est combinée de la manière la plus ingénieuse. Il contiendra un escalier monumental, un salon de réception, une « salle des trophées », trois piscines et un hall immense occupant tout le sommet du bâtiment. Là seront installés les appareils de gymnastique. L'une des trois piscines sera consacrée à la natation, les deux autres au rowing; une embarcation de quatre rameurs et une de huit y trouveront place. Il y aura de nombreux vestiaires à tous les étages. Il y aura aussi, hélas! un cabinet pour le « directeur du gymnase », et j'ai pu me convaincre qu'il aurait toute la place nécessaire pour y installer son agence d'élevage.

V

Quand vous en serez là, messieurs de l'université de Yale, ne choisissez pas un savant docteur passionné d'anthropométrie, coureur d'expériences, chercheur de nouveautés et qui dissimulera, sous des dehors magnifiquement scientifiques, la profonde inanité de son système. Choisissez plutôt un homme comme le professeur Goldie du *New York Athletic Club*, qui connaisse et aime les exercices physiques. En hiver, chaque samedi matin, les membres du club lui envoient leurs enfants. Au début, il leur fit faire des mouvements d'ensemble, mais ne tarda pas à s'apercevoir de l'ennui qu'il leur causait. Il appela le plus âgé et lui demanda pourquoi la gymnastique l'ennuyait. « Parce que, répondit le *boy*, nous avons classe cinq jours par semaine et que ce n'est pas amusant d'avoir encore classe le sixième. » Éclairé par cette parole, le professeur Goldie estime maintenant que les mouvements d'ensemble peuvent être bons pour les très jeunes enfants, à condition d'en faire peu et de les varier souvent. Mais au delà de douze ans, il faut quelque chose de plus. Il les laisse libres, ses élèves, les aide et les conseille au besoin dans leurs ambitions, leurs désirs, leurs audaces naissantes et cette surveillance intelligente vaut mieux que tous les enseignements. Quant aux membres du club, ils le trouvent toujours à son poste lorsqu'ils ont à le consulter. Mais ils n'ont pas besoin d'un certificat signé pour monter en bateau, et on ne leur indique pas sur un petit livre les exercices qu'ils doivent faire et le nombre de minutes qu'ils doivent y consacrer par jour. Qu'il en soit de même pour les grands jeunes gens des universités et que Yale et Princeton, qui ont échappé jusqu'ici à ces folles réglementations, ne concèdent point à des « directeurs de gymnase » le droit de détruire tous les bons effets que l'athlétisme est susceptible de produire.

VI

Les malles, déjà!... Ces derniers jours passés à New York ont été agréablement semés de promenades, de dîners, de parties de théâtre; avec l'hiver, la vie mondaine a repris : il y a de grands banquets et de petits dîners fins chez Delmonico; de belles voitures circulent dans Fifth Avenue; les clubs se remplissent; on organise des ventes de charité; les expositions commencent et les jeunes filles ont déjà trouvé moyen de danser deux ou trois fois. A neuf heures du soir, la veille du départ, c'est, chez moi, un inexprimable désordre : dans les caisses béantes s'engouffrent les livres, les brochures universitaires, les prospectus d'écoles; des étoffes de soie de la Nouvelle Orléans, qui semblent contenir toute la magie du Sud dans leurs replis chatoyants, des collections de photographies et des journaux, et des bibelots, et encore des livres. Pêle-mêle avec ces objets matériels, j'emballe tout le stock immatériel des surprises, des émotions, des sensations éprouvées. Ce sera plaisant ce déballage, de l'autre côté de l'Océan, avec tout un monde d'idées neuves, un horizon reculé, et des souvenirs à éplucher bien lentement.... Sur la table, il y a des cartes de visite, des lettres d'adieu, un portrait du général Sherman, que j'ai vu tantôt chez lui et que j'ai trouvé grand, simple, franc et bon comme j'avais envie de le trouver. Je ne veux rien jeter : cela rendra l'impression plus vive et plus agréable quand je répandrai ces niaiseries sur la table de « chez moi », là-bas....

CONCLUSIONS

A Son Excellence

Monsieur le Ministre de l'Instruction publique.

Paris, 1ᵉʳ mars 1890.

Monsieur le Ministre,

Par un arrêté en date du 17 juillet 1889, vous m'avez fait l'honneur de me confier une mission aux États-Unis et au Canada à l'effet d'y visiter les universités et les collèges, et d'y étudier l'organisation et le fonctionnement des associations athlétiques fondées par les jeunes gens de ces deux pays.

Les renseignements que j'ai recueillis et les observations que j'ai faites, au cours de mon voyage, me suggèrent quelques réflexions que je désire vous soumettre. Ce sera la conclusion de cet étrange rapport qui ne se compose que de pièces justificatives et dont le style fantaisiste contraste avec l'habituelle gravité des documents pédagogiques. J'ai pensé que mes croquis y gagneraient en fidélité et que je pourrais donner, de la sorte, une impression plus nette et plus vivante de ces universités transatlantiques, vers lesquelles nous avons si peu tourné nos regards, nous autres Européens; elles sont pourtant bien dignes de fixer l'attention. C'est autour d'elles, c'est dans leur sein même, que les Américains, non moins avides de science que de richesse, nous préparent des rivaux pour l'avenir; leurs efforts ne sont pas toujours bien combinés : dans leur ardeur, ils mélangent le blé avec l'ivraie, mais la persévérance et le travail viennent à bout de toutes les difficultés, et leurs progrès doivent être pour nous le motif d'une féconde émulation.

I

Au moment où se manifeste, en France, avec une telle vigueur, la préoccupation de donner à l'éducation physique la place importante qu'elle comporte, il était intéressant de jeter les yeux sur un pays où les deux systèmes d'éducation physique les plus opposés se trouvent en présence : jeux libres venus d'Angleterre; gymnastique scientifique venue d'Allemagne. J'ai suffisamment insisté, dans les pages qui précèdent, sur le caractère de l'une et de l'autre méthode, pour n'y point revenir. Toutefois, il importe de remarquer que les jeux libres, par le fait même que la liberté préside à leur organisation, s'accommodent du voisinage de la gymnastique; il y a des gymnases en Angleterre et les élèves les utilisent avec plaisir. L'intolérance, au contraire, fait le fond de la gymnastique germanique; elle ne connaît que mouvements d'ensemble, discipline rigide et réglementation perpétuelle. Le Dr Lagrange a fait justice de ses prétentions exorbitantes au point de vue hygiénique; d'autres se sont chargés d'établir sa profonde nullité au point de vue pédagogique. Aux États-Unis, une réaction se prépare contre elle et il est permis de prévoir l'époque où les présidents d'universités retireront aux directeurs des gymnases les pouvoirs insensés qu'ils leur ont reconnus. Ces directeurs ont la haute main non seulement sur les appareils bizarres dont ils sont — ou parfois se croient — les inventeurs, mais aussi sur les jeux, car, ne pouvant de prime abord les faire disparaître, ils les confisquent à leur profit, choisissant parmi leurs élèves les plus forts et les plus agiles, à l'entraînement desquels ils se consacrent exclusivement. Il en résulte que, pendant la belle saison, les équipes universitaires vont de concours en concours; on se presse pour les voir lutter; des sommes énormes sont engagées par les parieurs et, tandis que les champions se livrent à cet athlétisme exagéré, leurs camarades sont tenus à l'écart pour ne pas gêner leur entraînement. On commence à se préoccuper d'un si fâcheux état de choses et il est à souhaiter qu'une prompte réforme se produise. En tout cas, c'est un avertissement pour nous de ne pas laisser prendre à l'éducation physique le caractère scientifique et autoritaire que voudraient lui donner certains théoristes, plus soucieux des principes que de leur application, amis du rationnel et ignorants de la pédagogie.

Pour remplir une lacune qui existe dans l'échelle des établissements d'instruction en Amérique et qui correspond précisément à la période la plus importante de la formation de l'enfant, des écoles se fondent, qui s'inspirent de l'immortelle doctrine du grand Arnold, comme s'en est inspiré l'honorable M. Marion dans le rapport qu'il a présenté à la commission que vous aviez chargée, Monsieur le Ministre, d'étudier les réformes à introduire dans le régime de nos lycées. Le programme d'Arnold y est presque entièrement reproduit. C'est lui, en effet, qui s'est, le premier, servi de l'athlétisme pour produire des volontés fermes et des cœurs droits en même temps que des corps robustes; c'est lui qui, par la liberté et la hiérarchie du mérite, a su préparer les enfants au rôle de citoyens d'un pays libre ; c'est encore lui qui a groupé les maîtres autour de sa personne et en a fait ses collaborateurs ; c'est lui qui a poursuivi le mensonge, qui a proclamé la nécessité de faire avant tout des hommes honnêtes; c'est lui qui a dit : « L'éducation est une partie d'échecs ».

La liberté, dans ces écoles nouvelles, est sagement réglée, comme dans les écoles d'Angleterre; elle est au contraire excessive dans la plupart des universités; mais cet excès d'indépendance ne produit pas de mauvais résultats; il n'est pas jusqu'aux jésuites qui ne se félicitent de cet état de choses; et rien ne prouve mieux que la liberté est féconde parmi les enfants comme parmi les hommes. Des restrictions sont parfois utiles, mais elle doit du moins être à la base de toutes les institutions scolaires. Les petits Américains ont un besoin tout particulier d'indépendance; aussi faut-il considérer comme accidentelles et passagères les tendances que j'ai signalées plus haut à propos de l'éducation physique : elles sont dues à un engouement germanique qui ne saurait avoir de racines bien profondes, car il est contraire au génie du pays.

Les *Debating Societies* sont très répandues ; il ne faut pas les assimiler aux académies d'autrefois, auxquelles, précisément, faisait défaut la liberté de la pensée. Le maître, en Amérique comme en Angleterre, se gardera de rien souffler à son élève ; il ne tient pas à le faire briller en séance publique dans un rôle de tragédie grecque ou dans une récitation de vers latins ; il tient à le faire pérorer tout seul sur des sujets de « grandes personnes », afin qu'il s'habitue à trouver ses mots — et surtout à trouver ses idées, ce qui est plus difficile encore. Je ne saurais trop insister pour que de pareilles conférences soient instituées dans nos lycées ; les grands élèves y perdraient peu à peu cette déplorable timidité qui, trop souvent, les paralyse aux examens et les poursuit à travers toute leur carrière. Mon avis serait de bannir des discussions les sujets religieux ou de politique intérieure, mais d'y admettre carrément tout ce qui a trait à la politique extérieure. La presse scolaire est également utile; les quelques essais tentés en France ont réussi, mais la plupart des maîtres ne se doutent pas encore du rôle que peut jouer dans un collège un journal mensuel ou bimensuel, bien rédigé; s'ils pouvaient deviner combien leur tâche en serait facilitée, ils n'hésiteraient pas à pousser les élèves dans cette voie. Il y en a partout, en Amérique : j'en reçois beaucoup et encore plus d'Angleterre; depuis plusieurs années que je les lis attentivement, je n'y ai jamais trouvé un mot déplacé et la plupart ne sont pas contrôlés. Je sais bien que tous ces moyens sont un peu *modernes*; mais j'imagine que nous avons à former des hommes pour le xxe siècle et non pour le xviie.

II

En dehors des universités et collèges, les associations athlétiques sont nombreuses et prospères. Les unes sont simplement formées entre jeunes gens en vue de pratiquer certains sports déterminés, le vélocipède, le *lawn tennis*.... Mais le plus souvent ces associations possèdent des immeubles où sont installés de véritables clubs; l'on y peut écrire, dîner, jouer au billard. Un grand gymnase, dans la partie supérieure, un jeu de boules, des douches et parfois une piscine de natation dans le sous-sol permettent aux membres de prendre, pendant tout l'hiver, un exercice énergique et salutaire. Ces associations possèdent aussi des terrains de jeux et des garages de bateaux pour l'été, hors des villes où elles sont situées.

La cotisation est généralement peu élevée, soit par suite de la générosité des fondateurs, soit par le grand nombre des membres honoraires qui se trouvent participer aux dépenses sans en occasionner. Les concours de sports athlétiques donnés par ces associations, en hiver dans leurs gymnases, en été sur leurs terrains de jeux, sont très suivis. Les courses plates et avec obstacles, les sauts en hauteur et en longueur et les sauts à la perche figurent au programme. L'escrime a quelques fervents; la boxe est très répandue. Les gymnases sont toujours parquetés et des matelas rembourrés remplacent, au-dessous des divers appareils, la sciure de bois que nous employons. Cette sciure n'est pas sans inconvénients : elle produit une poussière qui imprègne l'atmosphère et la rend irrespirable. Parmi les améliorations à introduire en France, je signalerai l'établissement des pistes en caoutchouc pour la course ; elles entourent les gymnases et sont le plus souvent supportées par une galerie à la hauteur d'un entresol. Les jeux les plus en faveur sont le *base-ball* et le *foot-ball*; le *cricket* n'a pas autant de vogue qu'en Angleterre. Le *base-ball* est extrêmement simple, quant aux règles, mais la pratique en est fort difficile, et nos écoliers ne sont pas encore assez persévérants pour prendre plaisir à un exercice dans lequel ils ne réussissent pas du premier coup; le *foot-ball*, au contraire, les a enthousiasmés dès le début et son succès est fondé; il amuse les plus novices et, d'autre part, le perfectionnement musculaire et le développement de l'habileté des joueurs y sont sans limites.

Les sports d'hiver, le *tobogganing*, les courses en *snow shoes* et surtout le *ice yachting*, ne peuvent être que mentionnés ici comme procurant aux jeunes Américains du Nord de délicieuses récréations. Ces plaisirs-là ne seront jamais à notre portée, à moins d'un bouleversement général dans l'économie climatérique du globe! Quant à l'équitation, elle n'est pas enseignée dans les écoles; il y a, dans les villes, des manèges où l'on monte beaucoup. Là aussi des associations se sont formées; elles se réunissent un soir ou deux par semaine et parfois, pour égayer la séance, un orchestre s'installe dans la tribune et l'on galope en musique, tout comme à l'hippodrome. D'autres fois, les membres organisent des cavalcades, des carrousels ou des excursions qui prennent une journée entière et même davantage. Ces manèges ont des vestiaires, des salles de lecture et de repos. Il serait à souhaiter que nos manèges français fussent organisés sur le même plan; au contraire, on semble prendre à tâche d'y rendre l'équitation peu attrayante.

Après tout exercice d'un caractère un peu violent, les Américains, petits et grands, prennent un *shower bath*, c'est-à-dire un « bain de pluie ». Ce n'est pas précisément une douche; peut-être n'est-on pas d'accord sur l'utilité de la douche pour tous sans exception, mais personne ne saurait admettre qu'il soit hygiénique de ne pas se laver après un exercice qui a amené une forte transpiration. Le *shower bath* s'installe avec la plus grande facilité et il ne faudra que de la bonne volonté et très peu d'argent pour le mettre à la disposition de nos lycéens. Cette amélioration s'impose absolument : et puisque je touche en passant un sujet de si haute importance, permettez-moi de vous signaler, Monsieur le Ministre, le danger qu'il y aurait à laisser se perpétuer un état de choses qui est contraire de tous points aux lois de l'hygiène. J'ai vu, depuis un an, nombre de lycéens jouer dans leurs vêtements d'uniforme, en se contentant d'enlever leur tunique; cela est fort bien pour une récréation de quelques minutes; mais dès que l'exercice prend le caractère athlétique, ce costume ne devrait pas être toléré. Un jersey de laine ne coûte pas les yeux de la tête; il sert à *tous* les exercices, se porte indéfiniment et nul vêtement ne peut rendre de plus grands services.

III

On a reproché à l'éducation anglaise d'être trop coûteuse et cette accusation a été reproduite par tous les ennemis du progrès et de la réforme scolaire. Des écrivains fantaisistes ont cité des chiffres dont l'énormité égale l'inexactitude et, avec une certaine mauvaise foi, on a dépeint les écoliers britanniques comme des êtres paresseux et encroûtés. Ce n'est pas le moment de rétablir la vérité et de démentir ces allégations mensongères; qu'il me suffise de faire observer que l'exagération de la dépense, dans certains collèges, ne provient jamais que du luxe inutile dont les parents entourent leurs enfants et que les jeux, loin d'y contribuer, sont au contraire une occasion d'économie en même temps qu'ils empêchent la formation de ces *clans*, de ces groupes d'élèves si contraires à l'esprit d'égalité et de démocratie. Ce que j'ai vu aux États-Unis m'a pleinement confirmé dans cette opinion.

IV

Le degré de civilisation atteint par ce grand pays, son passé court, mais glorieux, son avenir qui semble si brillant et surtout la part que la France a prise à son émancipation ne nous permettent pas de tenir plus longtemps en dehors de l'enseignement historique le récit des événements dont il a été le théâtre. Les jeunes Français trouveront dans cette étude, en même temps qu'un intérêt puissant, de fortes leçons de patriotisme et des exemples admirables de vertu et d'énergie, qui seront de nature à faire impression sur eux et à exciter leur ardeur la plus généreuse.

Il me reste, Monsieur le Ministre, en terminant l'énumération de ces vœux, à vous offrir mes vifs remerciements pour la preuve de confiance dont vous m'avez honoré. J'ai fait de mon mieux pour y répondre d'une manière digne de la France et du Gouvernement de la République, et j'ai l'espoir que mon voyage n'aura pas été inutile, puisque j'en rapporte l'impression que nous ne faisons pas fausse route en nous engageant dans la voie que l'étude des institutions scolaires anglaises avait ouverte devant nous. Poursuivons donc nos réformes, soutenus par l'exemple de l'Angleterre et de l'Amérique, et cherchons à réaliser le programme qui tient dans ces deux mots : sport et liberté.

Veuillez agréer, Monsieur le Ministre, l'hommage de mon profond respect.

PIERRE DE COUBERTIN.

FIN

TABLE DES MATIÈRES

En mer..	1
Autour de New York.................................	9
La Nouvelle-Angleterre............................	71
Canada britannique et Canada français......	129
Du Nord au Sud..	189
Louisiane, Floride, Virginie......................	215
Washington et Baltimore...........................	291
Un livre, un congrès et un bateau..............	335
Conclusions...	361

Coulommiers. — Imp. P. BRODARD et GALLOIS.

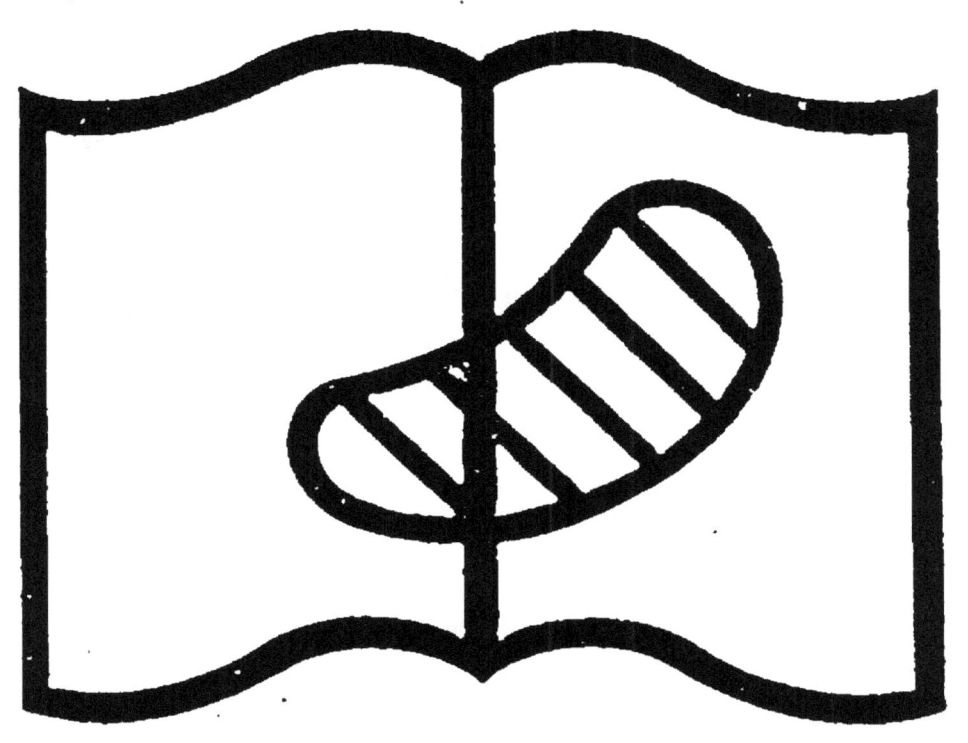

Original illisible
NF Z 43-120-10

Librairie HACHETTE et Cie, boulevard Saint-Germain, 79, à Paris.

BIBLIOTHÈQUE VARIÉE, FORMAT IN-16
3 FR. 50 LE VOLUME

Ouvrages de pédagogie et d'enseignement

BIGOT (Ch.) : *Questions d'enseignement secondaire*. 1 vol.

BRÉAL (M.), de l'Institut : *Quelques mots sur l'instruction publique en France*; 5ᵉ édition. 1 vol.

— *Excursions pédagogiques en Allemagne, en Belgique et en France*; 2ᵉ édit. 1 vol.

COMPAYRÉ, professeur à la Faculté des lettres de Toulouse : *Histoire critique des doctrines de l'éducation en France depuis le XVIᵉ siècle*; 5ᵉ édition. 2 vol.

   Ouvrage couronné par l'Académie française et par l'Académie des sciences morales et polit.

COUBERTIN : *L'éducation en Angleterre*. 1 vol.

— *L'éducation anglaise en France*. 1 vol.

DURUY (A.) : *L'instruction publique et la démocratie (1879-1886)*. 1 vol.

FERNEUIL : *La réforme de l'enseignement public en France*; 2ᵉ édition. 1 vol.

GRÉARD : *L'éducation des femmes par les femmes. Études et portraits*; 3ᵉ édit. 1 vol.

— *Éducation et instruction*, 4 vol. :
   Enseignement primaire; 2ᵉ édit. 1 vol.
   Enseignement secondaire; 2ᵉ édit. 2 vol.
   Enseignement supérieur. 1 vol.
   Chaque ouvrage se vend séparément.

HAYEM (J.) : *Quelques réformes dans les écoles primaires*. 1 vol.

KERGOMARD (Mme) : *L'éducation maternelle dans l'école*; 2ᵉ édition. 1 vol.

MARTIN (A.), chargé de cours à la Faculté des lettres de Nancy : *L'éducation du caractère*; 2ᵉ édit. 1 vol.

   Ouvrage couronné par l'Académie des sciences morales et politiques.

PÉCAUT (F.), ancien inspecteur général de l'instruction publique : *Études au jour le jour sur l'éducation nationale (1871-1879)*; 2ᵉ édit. 1 vol.

— *Deux mois de mission en Italie*. 1 vol.

SIMON (Jules), de l'Académie française. *L'école*, 11ᵉ édition, contenant un résumé de la dernière statistique officielle. 1 vol.

— *La réforme de l'enseignement secondaire*; 2ᵉ édit. 1 vol.

SPULLER (E.) : *Au ministère de l'instruction publique. Discours, allocutions, circulaires*. 1 vol.

Coulommiers. — Imp. P. Brodard et Gallois.

www.ingramcontent.com/pod-product-compliance
Lightning Source LLC
Chambersburg PA
CBHW060603170426
43201CB00009B/884